열정 한 시간

국제PEN한국본부 창립70주년기념 산문선집 19 　　양호인 수필집

International PEN-Korea Center

교음사

국제PEN헌장

국제PEN은 국제PEN대회 결의에 따라 다음과 같이 헌장을 선포한다.

1. 문학은 각 민족과 국가 단위로 이루어지나, 그 자체는 국경을 초월하여 그 어떤 상황 변화 속에서도 국가 간의 상호 교류를 유지해야 한다.
2. 예술 작품은 인간의 보편성에 바탕을 두고 길이 전승되는 재산이므로 국가적 또는 정치적 권력으로부터 간섭을 받아서는 안 된다.
3. 국제PEN은 인류 공영을 위해 최대한의 영향력을 발휘해야 하며 종족, 계급 그리고 민족 간의 갈등을 타파하는 동시에 전 세계 인류가 평화롭게 살아갈 수 있다는 이상을 실현하기 위하여 최선을 다해야 한다.
4. 국제PEN은 한 국가 안에서나 또는 세계 여러 나라에서 사상의 교류가 상호 방해 받지 않는다는 원칙을 준수하며, PEN 회원들은 각자 국가나 지역사회에서 어떤 형태로든 표현의 자유를 억압하는 데 반대할 것을 선언한다. 또한, PEN은 출판 및 언론의 자유를 주창하며 평화시의 부당한 검열을 거부한다. 아울러 PEN은 정치와 경제의 올바른 질서를 지향하기 위해 정부, 행정기관, 제도권에 대한 자유로운 비판이 필수적이고 긴요하다는 사실을 확신한다. 이와 함께 PEN 회원들은 출판 및 언론 자유의 오용을 배격하며, 특정 정치 세력이나 개인의 부당한 목적을 위해 사실을 왜곡하는 언론 자유의 해악을 경계한다.

이러한 목적에 동의하는 모든 자격 있는 작가들, 편집자들, 번역가들은 그들의 국적, 언어, 종족, 피부 색깔 또는 종교에 관계없이 어느 누구라도 PEN 회원이 될 수 있다.

국제PEN한국본부 연혁

국제PEN본부는 1921년에 창립되어 2022년 3월 현재 145개국 154개 센터가 회원으로 가입돼 있는 세계적인 문학단체이다. 국제PEN본부는 영국 런던에 본부를 두고 있으며 특히 UN 인권위원회와 유네스코 자문기구로 현재 전 세계 문인, 번역가, 편집인, 언론인들의 표현의 자유를 옹호하고 인권 문제를 다루고 있는 단체이다.

한국PEN은 1954년 9월 15일 변영로·주요섭·모윤숙·이헌구·김광섭·이무영·백철 선생 등이 발기하여 같은 해 10월 23일 당시 서울 소공동 소재 서울대학교 치과대학 강당에서 창립총회를 열고 국제펜클럽한국본부로 공식 출범하였다. 국제펜클럽한국본부는 그 이듬해인 1955년 6월 비엔나에서 열린 제27차 세계대회에서 정식회원국으로 가입하고 그해 7월에 인준을 받아 오늘에 이르렀으며 2022년 3월 현재 회원 수는 4,000여 명이다.

사)국제PEN한국본부(International PEN Korea Center)는 역사와 권위를 자랑하는 국제적 문학단체로서 회원들의 양심과 소신에 따른 저항권과 표현의 자유를 옹호하고 구속 작가들의 인권문제를 다루며 한국의 우수 문학작품을 번역, 세계 각국에 널리 알리고 우리 민족의 고유문화와 전통문화 등을 해외에 소개하는 한편 세계 각국과 문화 교류 및 친선을 도모하는 데 주도적 역할을 담당하고 있다.

1954. 10. 23.	국제펜클럽한국본부 창립
1955.	제27차 국제PEN비엔나대회에서 회원국 가입 『The Korean PEN』 영문판 및 불어판 창간
1958.	국내 최초 번역문학상 제정
1964.	PEN 아시아 작가기금 지급(1970년 제6차까지)
1970.	제37차 국제PEN서울대회 개최(60개국 참가)
1975.	『PEN뉴스』 창간. 이후 『PEN문학』으로 제호 변경
1978.	한국PEN문학상 제정
1988.	제52차 국제PEN서울대회 개최
1994.	제1회 국제문학심포지엄 개최
1996.	영문계간지 『KOREAN LITERATURE TODAY』 창간
2001.	전국 각 시도 및 미주 등에 지역위원회 설치
2012. 9.	제78차 국제PEN경주대회 개최
2015. 9.	제1회 세계한글작가대회 개최
2016. 9.	제2회 세계한글작가대회 개최
2017. 9.	제3회 세계한글작가대회 개최
2018. 11. 6~9.	제4회 세계한글작가대회 개최
2018. 8. 22.	정관개정에 의해 국제PEN한국본부로 개명
2019. 2.	PEN번역원 창립
2019. 11. 12~15.	제5회 세계한글작가대회 개최
2020. 10. 20~22.	제6회 세계한글작가대회 개최
2021. 11. 2~4.	제7회 세계한글작가대회 개최
2022. 11. 1~4.	제8회 세계한글작가대회 개최

국제PEN한국본부 창립 70주년 기념 선집을 발간하며

 국제PEN한국본부는 1954년에 창립되고 이듬해인 1955년 6월 오스트리아의 빈에서 열린 제27차 국제PEN세계대회에서 회원국으로 가입되었다. 초대 이사장은 변영로 선생이 맡고 창립을 주선했던 모윤숙 시인이 부이사장을 맡았다. 이하윤, 김광섭, 피천득, 이한구 등과 함께 창립의 중심 역할을 했던 주요섭이 사무국장을 맡았다.
 6·25한국전쟁이 휴전된 지 겨우 1년이 되는 시점에 이루어 낸 국제PEN한국본부의 창립은 매우 깊은 의미를 담는 거사였다. 그동안 국제PEN한국본부는 세 차례의 국제PEN대회와 8회의 세계한글작가대회를 개최하며 수많은 국내외 행사를 주최해 왔다. 이에 내년 2024년에는 창립 70주년을 맞이하게 되어 그 기념사업의 일환으로 PEN 회원들의 작품 선집을 발간하기로 하였다.
 여러 가지 기념사업을 진행하지만 회원들의 주옥같은 작품집을 선집으로 집대성하여 남기는 일은 가장 중요하고 의미 있는 일이라 생각한다.

    시와 산문으로 구성되는 선집은 우리 한국문학사의 중요한 족적을 남기는 귀중한 역사 자료로서의 가치를 갖게 되리라고 믿으며 겸허한 마음으로 70주년을 자축하는 주요 사업으로 진행하게 된다.

    참여해 주신 회원들께 감사하며 어려운 여건 속에서도 기꺼이 출판을 맡아 준 기획출판 오름 김태웅 대표와 도서출판 교음사 강병욱 대표에게 심심한 감사를 드린다.

2023년 3월

국제PEN한국본부 이사장 **김용재**

책을 내며

열정을 다하는 마음으로

    사십여 년 만의 폭염이라는 더위가 늦도록 기승을 부리다 물러갔다. 선선한 바람이 불기 시작한 가을을 가슴으로 흠뻑 안고 책 읽기 좋은 계절에 다섯 번째 책을 낸다.
    왜 글을 쓰고 있는가? 글쓰기가 나에게 무얼 주고 무얼 찾고 있을까? 백지에 써 내려간 글자가 늘어가고 페이지를 넘길 때마다 그곳에 예기치 않던 내가 기다리고 있다. 슬픈 나, 얄궂은 나, 고민하고 두려워하던 내가 글이 되어 서 있다. 서 있기가 버거운 날엔 웃음 짓던 나를 불러와 다독인다. 희망에 부푼 나에게 잘한다, 좋다, 신난다를 외친다. 책장을 넘기며 예기치 않던 내가 그 글에서 위로받고 치유되고 있다는 것을, 책을 엮으며 새삼 알게 되었다.

필력이 크게 모자랄 테지만 온 힘을 다하였고, 거기에 열정을 더하였다고 감히 말하고 싶다. 그것으로 부족한 필력을 감싸 주길 바란다. 앞으로도 나의 글쓰기에 온 마음을 다할 것이다.

나의 아들, 며느리, 예서, 예준에게 항상 사랑한다고 전한다.

언제나 큰 가르침 주시는 오경자 교수님께 진심으로 감사드린다. 부족한 글 함께 읽어 준 여울문학회 목요 교실 문우들께 고마운 마음 전한다.

이 책을 엮으며 항상 변함없는 마음 주시는 강병욱 대표님, 류진 편집장님께 진심으로 감사드린다.

2024년 10월

저자 **양호인**

차례

1. 매일 매일의 이유

의미 있는 삶 … 20
친구 … 24
그 여자의 정원 … 29
기쁨 값 … 33
귀향(鬼鄕) … 38
보문사의 겨울 그리고 가을 … 43
운명인 것처럼 … 47
그날에도 … 52
매일 매일의 이유 … 57
그저 그런 이야기들 … 60
H 군의 어느 날 … 65

2. 상상은 자유다

열정 한 시간 … 72
아무도 죽지 않으면 … 75
만사형통할 거다 … 79
상상은 자유다 … 84
프로이트의 편지 … 89
그해 여름 … 94
손 편지 … 98
봄비 … 103
눈 오는 날 … 105
이 아픈 사랑 … 108
그가 보고 싶다 … 113
예술가의 영혼 … 118

3. 내 피의 맛

가을 음(音) … 124

나목의 꿈 … 127

유채꽃 서정 … 130

오로라(Aurora) … 134

시곗바늘을 돌려놓고 … 139

고등어에 대한 소고 … 143

내 피의 맛 … 148

좋은 마음으로 … 152

김치 구하기 프로젝트 … 157

혜존 … 161

그 모습 그대로가 좋아 … 166

시인의 이끼 … 169

4. 기다려 볼 테다

물의 유산 … 174
왜요? … 178
그 따스함 … 183
꾸어다 놓은 보릿자루 … 188
밤골 그 추억의 뒤안길 … 193
내 탓이었어 … 198
참 스승 … 203
스피드(speed) … 208
별 헤는 밤 … 213
뻘기 꽃이 필 때면 … 218
기다려 볼 테다 … 222

양호인의 수필세계 / 오경자 … 225

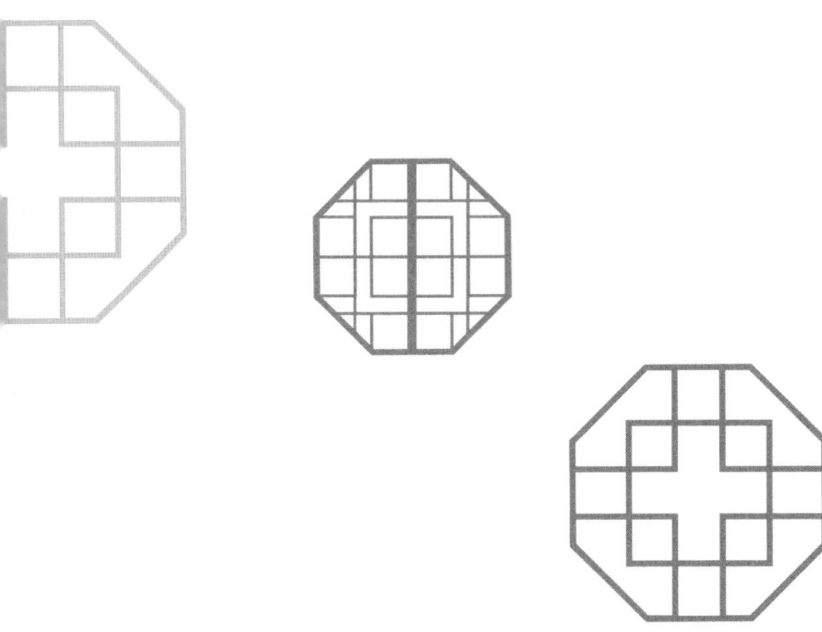

1

매일 매일의 이유

의미 있는 삶

 삶의 의미를 생각해 본다. 순식간에 지나가 버린 세월을 어떤 의미로 살아 냈을까? 굳이 따지자면 그냥 살았다고 해야 하나? 아니면, 먹고 살기 위해? 어쩔 수 없어서 마지못해? 어느 하나도 내 삶에서 버릴 수 있는 것들은 없는 것 같다.
 글쎄, 굳이 그 이유를 따져 물을 필요를 느껴야 하는지도 의문이다. 살아가는 동안 겪었던 모든 것 내 삶의 조각들이 모여 내 삶 전체를 이루었을 테니까.
 요즘 즐겨 보는 드라마가 있다. 「밥이 되어라」라는 제목이 아주 마음에 들어 보기 시작했다.
 시골 작은 기차역 주변에 밥집이란 간판을 단 허름한 백반집이 있다. 80년대나 90년대 초쯤의 어느 간이역 같은 소박한 느낌의 배경이 마음을 사로잡는다. 여고생 영신은 고3인데도 싼값에 찬거리를 마련하기 위해 자전거로 부랴부랴 장터로 달려간다.

오늘도 돈 4천 원에 한 끼를 해결해야 하는 손님들에게 값싸고 따뜻한 저녁 한 상을 차려내기 위해서이다. 메뉴도 없고 당일 싸게 살 수 있는 재료로 소박한 백반 한 상을 차려주는 밥집이다. 정성이 듬뿍 담긴 밥 한 상은 고된 일과에 지치고 상처받은 가난한 사람들의 마음에 허기까지 채워주는 모습으로 그려진다.

영신은 밥집 주인 경수에게 어려서부터 등 너머로 음식을 배운다. 경수가 23살 되던 해, 아버지는 8살짜리 영신을 데리고 와서 동생이라고 생각하고 키우라고 한 뒤 얼마 후 병으로 세상을 떠났다. 영신이 처음 밥집에 왔을 때도 식권으로 싼값에 밥을 먹는 단골들이 있었다. 경수가 어쩔 수 없이 영신을 키우기로 작정한 후 이웃인 밥집 식구들에게 걱정하자 이웃들은 '아이는 동네 사람들이 다 같이 키우는 거'라며 걱정을 덜어준다.

요즘처럼 각박한 세상에 드라마는 아이를 버리고, 학대하는 사람들에게 일침을 놓는 역할도 한다. 동네 사람들이 다 같이 모여서 밥을 먹는 모습은 이웃에 누가 사는지도 모르는 도시인들에게 경각심을 주고 싶었을지도 모르겠다. 이미 초고령사회로 진입해 버린 우리 사회가 혼자 사는 인구의 증가로 발생하는 고독사 등의 새로운 문제를 꼬집고자 했다면 앞서가는 평일까? 드라마가 이웃이 모여 사는 모습을 보여주며 새로운 이웃의 형태와 문화를 제시하는 역할을 하고 있다는 생각이 들게 한다.

하루아침에 밥집 총각 경수와 함께 살게 된 영신과 동갑내기들은 어린 시절부터 12년 세월 저녁이면 밥집에 모여 한 상에서 밥을 먹는다. 형제보다 더 끈끈한 연민의 정을 나누며 성장한 영신, 어린 나이부터 허기진 사람들이 따뜻한 밥 한 그릇으로 위로받는 모습을 보면서 자란다. 철이 들면서, 피 한 방울 섞이지 않은 자신을 키워준 사람들에게 보답하기 위해서 허기진 세상의 따뜻한 밥 한 그릇 같은 사람이 되고 싶다고 생각했다. 성인이 된 동갑내기들의 좌충우돌 장면에서는 어린 시절을 소환하여 드라마의 감칠맛과 향수를 자극하기도 한다. 영신의 허기진 세상을 위해 외치는 따뜻한 밥 한 그릇 같은 드라마가 우리 모두의 살아가는 모습을 담아낼 수 있다고 기대해 본다.

영신은 처음 취직한 한 식당 궁궐에서 사장의 모함으로 그만두게 되며 좌절한다. 같은 밥집에서 밥을 먹으며 살아가는 선생님께 어떻게 살아가야 할지를 상담하는 장면에서이다. 선생님은 '자기가 좋아하는 일을 하는 사람, 자기 재능을 발휘할 수 있는 일을 하는 사람 두 가지가 있다며 그중 자기가 좋아하는 일을 하며 살아가는 게 가장 의미 있는 거다.'라며 위로한다. 이마도 이 드라마 속의 영신은 자기가 좋아하는 사람들인 밥집 사람들을 위해, 자신을 위해 의미 있는 삶이 무언지를 찾아가는 과정을 그리지 않을까 싶다.

내 삶에는 어떤 삶이 의미 있는 삶이었을까? 이미 알고 있을지도 모르겠다. 어떻게 살아야 하는지를, 좋아하는 게 무엇인지를, 이제부터는 서두르지 않고 천천히, 하나하나 공들여 살아보리라. 수십 년을 찰나처럼 살아버린 시간을 조금씩 조금씩 곱씹어 보기도 하고, 미루어 두었던 여행도 해보고, 그 과정을 카메라에 담고, 기록하며, 굳이 큰 바람을 넣지 않는 글도 써 보리라. 엮음에 서투름이 덕지덕지 묻어나 있다고 하더라도 그것도 그냥 내 삶의 한 부분이다.

굳이 의미를 따져 묻지 않고 남아 있는 시간을 살뜰히 채워가는 삶에 의미를 부여하며 살아가리라. 그것이 의미 있는 삶이라 여기며….

2021. 2. 4.

친구

옛날 어느 아버지가 돈으로 친구를 사귀는 아들의 모습을 보고 과연 아들에게 진정한 친구가 있는지 시험하고자 했다. 아버지는 아들에게 죽은 돼지를 자루에 넣은 다음 친구들을 찾아다니며 도움을 구하라고 했다. 아들이 친구들의 집으로 찾아가 자신이 사람을 죽였는데 시체를 묻을 수 있도록 도와달라고 하자 아무도 도와주지 않았다.

반면, 아버지가 자신의 친구를 찾아가 살인을 해서 시체를 지고 왔다고 하니, 그 친구는 바로 집으로 들어오게 한 후 수습할 방도를 찾자고 했다. 그리고 자기 집 뒤꼍을 괭이로 파고 시체를 묻고는 친구에게 안심하고 자라고 했다. 이에 아버지는 아들에게 어떤 친구가 좋은 친구인지를 가르칠 수 있었다. 어른들께서 자식들에게 교육시키기 위해 인용되는 옛이야기이다.

일본에 사는 절친한 친구 부부가 있다. 아내인 S는 고교 동창으로 학생 시절부터 절친한 친구라 믿으며 지낸 친구이다. 남편 J는 두 사람이 나도 모르게 살금살금 연애하며 사귀는 동안 그냥 우리 두 여자의 요샛말로 남자 사람 친구인 줄 알고 지내던 친구이다. 어느 날 집안 사정 때문에 일본으로 가게 된 S가 연애하는 사이라고 밝혔을 때 나는 아연실색하고 말았다. 약 2년여 기간을 감쪽같이 나를 속이고 셋이 붙어 다닌 생각을 하니 기분이 나쁜 것도 같고, 좋은 것도 같은 모호한 감정이었었던 것 같다. 어쨌든 그네들은 어쩔 수 없는 눈물의 이별을 할 수밖에 없었다.

그러나 그네들은 이역만리 떨어져 있으면서도 헤어질 수 없었는지, 서신으로 전화로 관계를 계속하였다. 부모의 엄청난 반대와 가정형편을 못 본 척할 수 없었던 S가 일본에서 가족을 위해 희생하는 동안 S와 J의 중간 매개체 역할은 내가 톡톡히 해냈다. 10여 년 후 드디어 그들은 사랑의 결실로 우여곡절 끝에 결혼에 이른다. 말로 다 설명할 수 없는 수많은 우여곡절과 일화는 내게 필력이 있다면 소설을 엮어도 될 만큼 많다. 그런 그들은 지금 일본에서 행복하게 살고 있다.

그들 부부가 얼마 전 새 예배당을 짓는다며 남편인 J가 서울에 온다는 소식이다. 성물 준비와 건축 헌금모금을 위해 온다는 것이다. 순간 짜증이 났다. 2년 전인가 남편 J가 왔을 때 말했다. 나는 네 친구가 아니고 S의 친구다. 그러니 앞으로 나를 만나고 싶으면 부인이랑 같이 와야 한다. 자꾸만 너 혼자 와서 밥 사

달라 떡 사 달라 하니 네가 미워진다. 그러니 부부가 같이 오라며 진담 반 농담 반으로 나무랐다.

나도 모르는 사이에 매번 혼자 오는 J가 정말로 미워져 가고 있었는지도 모르겠다. 말끔한 외모로 강연이다, 부흥회다, 행사 다닌다는 명목으로 혼자 이곳저곳을 신명나게 다니는 남편인 J 때문에 혼자 고생하는 S에 대한 안타까움 때문이다. 물론 나 혼자만이 생각이다. S는 고생한다고 말한 적도, 속상하다고 말한 적도 없다. 어쩌면 깊은 신앙심과 사명감으로, 기쁜 마음으로 남편의 뒷바라지를 하며 사랑으로 충만한 삶을 살고 있는지도 모른다. 그러나 내 속 좁은 생각은 S가 가엽고 안타까우니 J가 가끔은 얄밉고 야속하다. 그런 내 마음이 불쑥 앞을 나서며 5월 13일에 만나자던 J의 제의를 다른 약속을 핑계 대고 거절하고 말았다.

그날이 지나고 나는 자꾸만 불편했다. 연락이 올 때가 되었는데 소식이 없자 급기야 참지 못하고 서울에 왔으면 보자며 카톡을 남겼다. 월요일(22일)에 서울에 오면 연락한다는 메시지를 받고서야 진정이 되었다. 괜히 혼자 죄인이 되었던 심정을 다소 누그릴 수 있었던 것은 서울에 오면 서슴없이 밥도 사주고 조금이라도 도움을 주리라 마음먹었기 때문이다. 그리고 까맣게 잊고 있었다.

16대 대통령 노무현은 "나이는 저보다 적은 아주 믿음직한 친구 문재인이를 제 친구로 둔 것을 자랑스럽게 생각합니다. 그래서 나는 대통령감이 됩니다". 그분은 문재인을 친구로 두어 대통령감이 된다고 말하며 대통령 선거유세에 나섰었다. 그 동영상은 19대 대통령 문재인의 선거유세 기간 인터넷 검색창과 SNS를 뜨겁게 달구며 문재인 대통령의 유세에 영향을 준 것으로 알려졌다. 그 영상이 문재인 대통령의 지지자를 더욱 결속하게 하였을 것이며, 어쩌면 지지하지 않는 이들에게도 영향을 주었을지도 모른다.

그게 누구든 그처럼 당당하게 자기 친구를 자랑스럽게 여길 수 있는 마음을 가질 수 있다면 그들은 행복한 가슴을 가진 사람일 것이라는 생각이 들기 때문이다. 불행한 사유로 불귀의 객이 되어버린 노무현 대통령의 후광이 문재인 대통령이 되는 데 큰 영향을 끼쳤을 것이란 생각이 드는 건 당선 후 그분의 행보에서도 충분히 엿볼 수 있다. 내가 문재인 대통령을 지지했던 것은 아니지만 일단 대통령이 되었으니 정말 나라를 위해 현명한 판단과 선택을 하는 유능한 대통령이 되길 바랄 뿐이다. 마치 왕정 시대의 파당 싸움처럼 상대파의 허점을 파내지 못해 안달하는 것처럼 보이는 대통령은 아니었으면 하는 바람은 너무 큰 바람일까?

25일 아침 8시 인천공항을 출발한다며 만나보지 못해 아쉽다는 J의 메시지를 받고서야 나는 정신이 번쩍 들었다. 이 친구가 내 마음을 읽고 말았다는 생각에 갑자기 죄인이 된 기분이다. 13일 만나자는 연락에 이 친구가 또 도움이 필요한 모양이라며 표현은 하지 않았지만, 짜증이 나고 있었던 나를 부인할 수 없었기 때문이다. 그렇다고 내가 무슨 큰 도움을 준 것도 아니면서 괜히 큰 도움이나 준 것처럼 마음을 옹졸하게 키워나가고 있었음을 생각하니 미안한 마음을 감출 길이 없다. 왜? 연락하지 않았느냐고 문자를 보냈다.

  사실이다. 시간이 지나고 점점 커가는 미안한 마음에 초심을 잃지 말고 도와주겠다고 마음먹고 있었던 터이다. 더구나 교회를 짓는다고 하니 그 자리에 조그만 보탬이 되고자 마음을 정했었는데, 그 친구는 처음의 내 마음을 눈치챘는지 그냥 가고 말았다. 시체를 들고 오기는커녕, 작년 내 수필집을 받고서는 정말 자랑스럽다는 칭찬까지 아끼지 않았던 친구이다. 그런 그 친구에게 속 좁은 내 태도를 눈치채게 했으니 어느 아비의 친구처럼 나는 그들 부부의 진정한 친구이긴 글렀다. 노무현 대통령의 친구처럼 자랑스러운 친구이기도 글렀다.

  내가 먼저 친구의 진정한 친구가 되어야 그 친구도 나의 진정한 친구가 되는 것을 나만 모르고 있었다. 정말 미안하다, 그리고 부끄럽다. 친구야!

2017. 5. 26.

그 여자의 정원

 전화기 너머에서 들리는 그 여자의 목소리, 조금 망설였다. 그 여자의 목소리가 나를 망설이게 한 것은 아니다. 그저 내 안에 잠자고 있는 사회통념 탓이다. 그 여자 남편의 목소리가 들린다. 아주 반가운 듯이 목소리의 톤이 올라간다. 강원도 평창군 대관령면 병내리, 문자도 할 줄 모른다는 그 남자가 알려준 주소이다.
 몇십 년 만에 찾아왔다는 무더위가 기승을 부린다. 경로우대증이 나와서 지하철도 공짜로 타라는데 아직도 일해야 직성이 풀리는 친구들이 있다. 나도 마찬가지이다. 휴가철이 되었으니, 그도 또 치러야 하는 행사이다. 누가 억지로 등 떠민 것도 아닌데 이맘때면 떠남이 수십 년째 일상화되어 버린 8월의 첫째 주이다.
 강원도로 간다. 일요일 오후 3시, 티맵의 길은 모두 초록이다. 웬일일까? 이맘때면 주차장이 되어 버린다는 영동고속도로가 초록색이라니? 코로나19가 무섭긴 무서운가 보다. 일단 떠나기로 했다. 도로는 8월 첫 주가 아니다. 연일 불볕을 쏟아내던 하늘도 오늘은 흐리다. 역시 우리가 떠남을 아는 것이다. 장거리 운전이 버거워진 내가 즐겨 찾는 휴게소조차 텅 비어 있다. 혹시 몰라 도시락을 챙기긴 하였지만, 이 정도면 정말 심각하다. 아직 오후 대여섯 시밖에 안 되었는데 휴게소는 반 이상이 문이 닫혀 있거나 물건도 제대로 진열되어 있지 않다. 아마도 주인 혼자 할 수 있는 가게만 열려 있는 듯하다. 메뚜기도 한철이라며 일 년 장사 해야 할 시기에 이 정도이니 큰일은 큰일이다.

 이곳에 종사하는 수많은 사람은 무엇으로 살아가며 생산된 농산물은 다 어떻게 할 것인가 걱정이다. 그런저런 걱정은 그저 잠깐 스치는 내 감정일 뿐이다. 여전히 나는 동해를 향해 기름을 축내고 있다.

 챙겨간 도시락으로 아침을 때웠다. 무릉계곡을 가자던 내 제안은 일거에 무시당한다. "다리 아파!" 그거면 끝이다. 변명의 여지 없이. 삼척항을 지나 해신당으로 갔다. 이미 해 오름이 끝나 버렸으니 작열하는 햇볕만 내리쬔다. 회도 못 먹는 친구 덕에 더운 날씨에 곰치국으로 점심을 때웠다. 하긴 이럴 때 회를 잘 못 먹으면 탈이 날 수 있으니 현명한 선택이라 자평하며.

 그곳으로 간다. 티맵이 알려주는 무료도로, 강원도 해변 길을 따라 대관령 옛길을 달리는 코스이다. 고속도로가 사방에 깔리니 경치를 보는 맛이 한결 줄어들었다. 높이 올린 콘크리트 방음벽이나 보며 달리니 무슨 맛인가. 오랜만에 들어선 옛길의 정취는

으뜸이다. 간혹 추억 속의 길이나 해변을 만나기도 하니 추억거리가 줄줄 쏟아져 나온다. 40여 년 지기 친구이니 얘깃거리가 끊임없다.

대관령을 넘자 맑던 하늘에 먹구름이 잔뜩 덮여 있다. 비가 쏟아지기 시작한다. 비상등을 켜고 밤길처럼 달린다. 월정사 길로 들어서자, 낮인데도 저녁처럼 어둡다. 월정사 길에서 병내리로 올라가는 길, 뿌연 안개 속에서 그 남자의 빨간 지프차가 우릴 기다린다. 비가 쏟아지니 반가운 인사도 못 한 채 뒤를 따랐다. 일 킬로쯤 삼나무가 빼곡히 들어선 좁은 길을 올라가자 그 여자, 그 남자의 집이다.

그 남자가 말한다. 나와 만난 지 33년째라고, 1988년도라니, 그런 것 같다. 시쳇말로 엊그제 같은 시간이 그리되고 말았다. 회사 일로 만나 그 시간을 오롯이 일로 이어져 온 인연이다. 개인적으로 차 한 잔 마시자고 한 적도, 식사 한 번 한 적도 없는 그런 사이인데도 마치 식구처럼 편안한 사이이긴 하다. 그분도 그렇다고 내 친구에게 말했다. 내가 없는 곳에서, 누군가의 앞에서 그런 말을 할 줄 모르는 분이다. 나도 같다.

삼 천여 평의 밭에, 사방에는 멧돼지가 들어오지 못하게 전깃줄도 쳐 놓은 곳, 완전한 산골 생활을 즐긴다. 집 뒤로는 시냇물이 졸졸 흐르고, 흐르는 시냇물을 손으로 떠 마시면 온몸이 파르르 떨리는 곳. 호박, 고추, 감자, 옥수수, 무, 배추 등 수십 가지 작물이 풍성하게 자란다.

화전민이 살던 옛집을 그대로 살려 앞마당엔 잔디를 심고, 그 둘레로 예쁜 꽃들이 있다. 비가 그친 마당으로, 장독으로 볕이 쏟아진다. 비에 젖은 장독대가 반짝인다.

접시꽃, 나리꽃, 비비추, 해바라기 그 여자의 꽃밭이다. 그 남자가 말한다. 꽃밭은 그 여자가 가꾼 정원이라고.

젊어서는 백두대간을 함께 했고, 오늘은 그 남자의 밭에, 그 여자의 정원에서 삶을 이어간다. 50여 년 지기 부부의 삶이 그 남자 밭에, 그 여자의 정원에 담담히 담긴다.

냇가에 지어진 정자에서 분홍빛 오미자차를 마신다. 약간의 단맛, 약간의 신맛을 내는 오미자차도 그 여자의 솜씨이다. 그 남자의 오늘도 그 여자의 솜씨이다.

그 여자의 정원에서 그 남자의 삶은 아직도 푸르다. 평범하기 그지없는 그들의 밭과 정원이 어우러져 뿜어내는 것은 진득한 삶의 향내이다.

내 벗과 나의 올여름도 그 여자의 정원에서 더욱 빛이 났다.

2021. 8. 2.

기쁨 값

걸으면 20분도 채 안 걸리는 거리에 택시를 탔다. 퇴근길, 며칠 전부터 무지외반증으로 발가락이 아파서이다. 나이를 먹으니 별의별 곳이 다 아프다고 신호를 보내고 야단이다. 그렇다고 버릴 수도 없으니 짊어지고 가야 할 내 신체의 일부분들이다.

아파트 입구에서 택시를 내리고 집으로 들어왔다. 거실 밖 창문을 향한 내 눈에 3년 전부터 죽어버려 몸뚱이만 흉하게 남아 있는 나무 둥치가 눈에 들어왔다. 그렇지 않아도 봄이 시작되자 아파트 단지 내 나무들을 전정하겠다는 방송을 들었던 터라 보기 싫은 모습으로 흉하게 남아 있는 그 나뭇등걸을 잘라버리고 새로 심든지 해야 할 것 같아 관리실에 전화할 참이었다.

호주머니에 손을 넣었다. 아뿔싸! 휴대전화가 없다. 택시에 두고 내린 모양이다. 마음이 급해졌다. 요즘은 휴대전화가 없어지면 한두 가지가 곤란해지는 게 아니다. 지인들의 전화번호는 물론 각종 메모가 S노트에 기록되어 있고, 매일 매일의 일정은 물론 연간 스케줄, 사진 촬영기법, 글쓰기 메모, 촬영 예정지 등 예의 수첩에 기록해 두어야 했던 중요한 것들이 고스란히 전화기에 들어가 있으니 갑자기 당황스러워졌다.

그야말로 휴대전화의 노예가 된 셈이다. 집 전화를 얼른 들어 휴대전화 번호를 눌렀다. 신호가 두 번도 안 가서 전화를 받을 수 없다는 말이 돌아왔다. 의심이 폭풍처럼 몰려왔다. 혹시 전화기를 팔아버리려는 것은 아닐까? 최신 기종은 아니라서 많이 받지도 못할 텐데, 제발 돌려주기만 한다면 휴대전화 파는 값보다 더 줄 수도 있겠다 싶은 마음이 들기도 했다.

다시 휴대전화 번호를 눌렀다. 받지 않았다. 더더욱 마음이 불안해졌다. 혹시 운행 중이라 못 받을 수 있겠다 싶어 5분쯤 기다려야겠다고 마음먹었다. 5분이 마치 5일은 된 듯 길었다. 다시 번호를 눌렀다. 한참 동안 벨 소리가 들렸다. 마음이 더 조급해지기 시작했다. 이번에는 받을 때까지 끊지 않으리라 마음먹었다. 마음이 점점 더 절망감으로 바뀌어 갈 즈음이다. 딱 그때쯤 목소리가 들렸다.

"여보세요! 휴대전화 두고 가셨네요."라고 말한다. 지금은 손님이 계신다며, 자신이 휴대전화 번호를 알려주며 연락할 수 있는 전화번호를 찍으라고 한다. 집 전화로 그의 휴대전화 번호를 누르니 전화를 받는다. 이 전화로 연락드리고 가겠다며 가면 일 못 한 경비는 달라고 한다. 염려하지 말며 부탁한다고 하자 손님이 근처에서 내릴 것 같으니 바로 온다고 한다. 감사하다며 기다리겠다고 하고 전화기를 놓았다. 참 다행이다 싶긴 한데 결과는 기다려 봐야 할 수밖에 없으니.

몇 년 전의 일이다. 똑같은 일이 있었다. 그때는 휴대전화가 없어진 줄도 모르고 한 시간여 후에야 연락했다. 전화를 받은 기사는 멀리 와 있다며 언제 돌려줄 수 있을지 모르겠다고 했다. 그때에는 배터리를 장시간 쓸 수 없을 때여서 계속 켜 놓았다가는 연락도 못 할 형편이었다. 연락이 없어 불안해진 내가 전화를 걸자 휴대전화는 꺼져 있었다. 지금처럼 휴대전화가 흔한 시절도 아니니 훨씬 더 걱정되었다.

지금 생각해 보면 그때는 전화번호도 저장되지 않았고 메모 기능도 없던 때이니 사실 잃어버려도 돈만 아깝던 때이다. 그렇게까지 불안할 이유가 없는데, 왜 그리 불안하였던지. 충전도 내 집에서만 가능해서 배터리가 떨어져 버리면 꼼짝없이 연락 두절로 돌려받기는 틀린 때이어서 더 걱정되고 약이 올랐던 것 같다. 이틀이 지난 저녁이 되어서야 간신히 통화가 된 기사 아저씨는 배터리가 떨어질 것 같아 전원을 꺼 놓았다며 10만 원을 요구했다. 거의 전화기를 사는 값의 반 정도를 요구했다. 어이가 없었지만, 돌려주는 것만도 다행이다 싶어 그 돈을 주고 돌려받았다. 돈도 아까웠지만, 많은 돈을 요구하는 심사가 미워 돌려받지 말까, 하다가 그래도 내 손길이 닿은 물건이니 마음을 고쳐먹고 찾았다.

10분쯤 지난 후 택시 기사 아저씨는 아파트 앞이라며 연락이 왔다. 지갑에서 만 원짜리 석 장을 꺼냈다. 시간으로 보아 만 원만 줘도 될 것 같긴 한데, 아니 이만 원이면 충분할까? 후문까지 나가는 5분여 동안의 갈등이다. 그 순간 예의 그 사건이 번뜩 떠올랐다. 그렇게 그냥 다 드리자 어차피 드리려고 꺼낸 돈이 아닌가. 힘들게 일하시는 분들이라며 애써 나를 달랜다. 주황색 택시가 눈앞에 나타났다. 내가 다가서자 재빨리 내린 아저씨가 낯익은 휴대전화를 내민다. 얼른 받아들었다. 마치 소중하고 값진 귀중품이 돌아온 것처럼 뛸 듯이 기뻤다.

호주머니 속에서 만지작거리던 지폐 석 장을 덥석 잡았다. 그리고 맛있는 것 사드시라며 드렸다. 돈을 받은 30대 후반? 아니면 40대 초반쯤 되어 보이는 젊은 기사 아저씨, 왈 "너무 많은 것 아니에요?" 한다. "빨리 갖다 주셔서 정말 감사해서 많이 드리는 거예요" 오늘 돈 많이 버시라는 말까지 덤으로 해드렸다. 정말 감사하다며 꾸벅 절을 하더니 차는 내 눈앞을 쏜살같이 떠난다. 요즘에도 저렇게 친절한 분이 계시니 세상 살맛이 다시 돌아 오른다.

'정말 너무 많이 드렸구나' 싶은 마음이 잠깐 들었다. 그리고 이내 생각했다. 몇 시간, 또는 몇 날을 돌려받지 못하고 마음고생 하는 값치곤 너무 싼 값이라는 생각이 들었다. 사실 그쯤은 당연한 일인데도 이처럼 기쁜 마음이 드는 것은 세상사가 많이 변해가고 있다는 방증이기도 하다. 아무리 세태가 변해가고 있더라도 스스로 변하지 말아야 할 것들을 지켜가고 있는 사람들이 있음에 새삼 가슴이 따뜻해진다. 휴대전화를 돌려받기까지 30여 분, 그 시간 동안 일어났던 일들이 모두 감사함과 기쁨으로 돌아왔다.

휴대전화를 받아들고 아파트 현관으로 걸어오는 길, 내 발가락이 아픔조차 잠깐 잊어버렸다. 기쁜 마음을 신체도 알아채어 반응하는 모양이다.

그 큰 기쁨 값, 단돈 삼만 원이다.

2018. 3. 20.

귀향(鬼鄕)

　영화 「귀향(鬼鄕)」은 집으로 돌아온 정민과 부모와의 만남을 그리며 끝을 맺는다. 그리운 고향 땅을 찾은 정민에게 엄마와 아빠는 "이제 오나?", "왔다", "밥 묵으라"라는 구수한 경상도 사투리로 혼 귀가 되어 거창 땅 한디기골에 돌아온 정민을 맞는 모습을 그린다. 봄볕이 따스한 마당에는 여전히 나비가 날아다닌다.
　일제 강점기 위안부 할머니들의 실상과 애환을 그린 영화 「귀향」은 제작비 부족으로 무려 14년의 세월을 들여 만들어 낸다. 클라우드 펀딩에는 무려 75,000여 명의 참여했다 한다. 영화를 보는 동안 펀딩에 동참하지 못한 것이 부끄럽게까지 느껴지게 한다. 시기적절한 시기에 위안부에 대한 영화가 개봉되어 그동안 말로만 듣던 위안부에 대한 실상을 다소나마 해갈할 수 있는 길이 열렸으니 이 또한 다행스러운 일이다.
　이런 사실에도 불구하고 일본 정부는 성의 없는 약속을 해 놓고 그 약속마저 지키기 싫은지 이런저런 경로를 통해 그들이 벌여 놓은 일들을 부인하거나 변명하기에 여념이 없다. 진정 그들의 진심이 어디에 있는지 이해하기 어렵게 만든다.

40세가 되자마자 뇌졸중으로 쓰러진 아버지는 한 달쯤 반신불수가 되어 계시더니 돌아가시고 말았다. 갑자기 돌아가신 아버지 덕에 가세는 형편없이 기울었다. 그 때문에 나보다 다섯 살 위인 작은 오빠는 초등학교를 졸업하고 중학교에 들어가는 것을 포기할 수밖에 없게 된다. 큰오빠는 군대로 가야 했고 중학교에 다니던 둘째 오빠는 야간 중학교로 옮겨 간신히 학교에 다녔다. 덕분에 작은오빠는 중학교 시험만 치르고 등록금이 없어 학교에 갈 수가 없었다. 궁여지책으로 낮에는 엄마랑 농사일을 거들며 야학에 다녔다. 지금은 최고의 시인이 되신 고은 씨가 스님 생활을 하시던 원명사라는 절에서 열었던 야학이다. 아마도 농촌의 열악한 교육환경을 안타깝게 여긴 그분의 아름다운 배려였을 것이다. 그 야학에 다니면서도 얼마나 신이 났었는지 야학에 다녀오면 불과 초등학교 2학년인 나를 붙들고 고은 선생님 자랑에 신이 났었다.

초등학교 4학년 때인가로 기억된다. 시골에서 농사를 짓는 어린 영농 후계자들을 위해 정부는 토끼를 기르게 하거나, 닭을 기르게 하여 농가 수입을 늘리게 하는 정책을 폈다. 어려서 잘 몰랐지만 지금 생각해 보면 농촌 계몽과 농가 소득 증대 사업이었던 것 같다. 작은오빠가 그렇게 지원받은 돈으로 마련한 병아리 열 마리는 어느 여름날 골판지로 만든 드럼통 안에서 모두 더위에 지쳐 죽고 말았다. 한여름 뙤약볕이 내리쬐는 드럼통 안은 그늘조차 없으니, 열섬효과가 대단했을 것이다. 그것을 알 턱이 없는 십 대 소년이었던 병아리 열 마리짜리 양계장 주인은 병아리가 어서어서 커서 닭이 되기만을 기다렸다. 당연히 병아리는 소년 양계장 주인의 바람쯤은 아랑곳하지 않고 모두 죽어버렸다. 그날 병아리와 함께 작은 오빠의 꿈도 드럼통 안 불구덩이 속으로 빨려 들어가 흔적도 없이 사라져 버렸을 것이다. 엄마는 그런 곳에 병아리를 두면 어떻게 하냐며 야단을 치셨지만, 삶에 바쁜 엄마는 오빠의 절망은 생각도 못 하셨을지 모른다.

며칠 후 작은 오빠는 윗마을에 사시는 외할머니를 찾아갔다. 그때도 여전히 몸이 약해 수시로 아프기 잘하는 내가 아파 병원에 입원했다며 할머니를 속인 후 돈을 빌려 집을 나가버렸다. 평소 약골인 손녀가 아프다는 말에 외할머니는 장롱 속 깊숙이 숨겨 두었던 쌈짓돈을 선뜻 내주고 말았다. 나쁜 녀석이라며 화를 내시는 엄마는 그날부터 오빠의 귀향을 위한 기도가 시작됐다. 초등학교 4학년인 나는 그런 엄마의 행동을 절대로 이해할 수 없어 의아한 눈으로 엄마의 모습을 훔쳐보곤 했다.

아마도 그런 나의 마음속에는 오빠를 찾아서 엄마도 떠나 버리면 어쩌나 하는 두려움이 자리 잡고 있었는지도 모른다. 낮이면 도망가 버린 오빠를 나무라면서도 밤이 되면 정지(부엌)간 부뚜막에 촛불을 켜 놓고 쌀 한 종지가 얹어진다. 깨끗이 씻은 모습인 엄마는 한참 동안을 손을 비비며 기도하신다. "우리 설운 애가 밥 굶지 않게 해 주십사", " 몸 상하지 않게 해주십사"라며 긴 기도 끝에 고봉으로 담은 밥 한 사발을 부뚜막에 두신 후 기도는 끝난다. 사실 당장 먹을거리도 부족한 그때 꼭 잊지 않고 남겨 두셨던 밥 한 그릇은 고향을 떠나 어디에 있는지도 모르는 어린 아들이 돌아온 날, 따뜻하게 먹이고 싶은 간절한 염원이 담긴 것일 거다.

오빠는 몇 년 후 어느 여름날 돌아왔고, 엄마의 기도는 별빛이 무수히 쏟아지는 저녁, 마당의 평상에 상을 차려 고봉으로 얹은 밥을 먹이는 것으로 끝이 났다. 엄마의 염원이 담긴 부뚜막 위의 밥 한 그릇은 그때야 주인을 만났다.

일제 강점기 신발공장으로 돈 벌러 가는 줄 알고 보냈던 딸들도, 영문도 모르게 끌려갔던 딸들도 머나먼 타국 땅, 그곳이 어디인지도 모르는 곳에서 상상할 수 없는 고통을 당해야 했다. 영화 속 주인공 정민이처럼 총에 맞아 죽거나, 한꺼번에 죽임을 당해 불귀신이 되었을 것이다. 이들도 모두 돌아와 정지간 부뚜막에 엄마가 올려놓은 따뜻한 밥 한 그릇 먹일 수 있었으면. 가까스로 살아남아 돌아온 이들에게도 진정으로 잘못했다는 사과 한마디면 부뚜막의 따뜻한 밥보다 더 따뜻한 온기로 안아줄 수 있으련만, 아직도 우리는 그 한마디를 받아내지 못하고 있음이 참으로 안타깝다.

원혼이 되어 돌아온(鬼鄕) 그곳도, 집 나간 어린 아들의 고향으로의 귀향도 모두 엄마의 따뜻한 품 안일 터이니 그들을 맞이할 따뜻한 마음 한가득 품을 수 있었으면 좋겠다.

산촌의 햇살이 부드럽게 사위어 가는 이른 저녁, 밥상머리에 둘러앉은 영화 속 정민이네 가족의 평상 위의 단란한 모습이 오버랩된다. 어둠이 내린 화면에는 영화를 위해 펀딩한 사람들의 명단이 별빛이 되어 쏟아져 내린다. 자그마치 75,000여 명이다.

2016. 3. 20.

보문사의 겨울 그리고 가을

10월의 따사로운 햇살이 눈 부시다.
 감기에 걸린 지 일주일이 넘어가는 데도 나아질 기미가 보이지 않는다. 감기 정도에 치여 이 좋은 계절에 코흘리개 어린 시절 친구들이 제주에서 강화도까지 온다는데 안 갈 수가 없다. 작심하고 병원으로 갔다. 링거라도 맞고 가야 할 곳이란 생각이 들었기 때문이다. 내 어린 시절 동심을 불러내고 싶은 간절함 때문이 아닌가 싶다. 강화도에서 배를 타고 가야 했던 곳인 석모도의 보문사, 지금은 다리가 놓여 두 시간이면 족히 갈 수 있는 곳이다. 이곳이 유독 내 마음에 와닿아 있음은 아린 기억도 행복한 기억도 많아서인 것 같다. 사진을 배운 이후 가끔 찾아가던 곳이기도 하다.
 내가 그곳을 알게 된 것은 30여 년쯤 되었다. 건강이 많이 나빠져 직장을 쉬고 있을 때이다. 아이도 키울 수 없는 상태가 되었고, 난, 마치 추수가 끝난 황량한 가을 들판에 버려진 허수아비처럼 혼자가 되었다.

　어느 겨울날, 구정 때인 것 같다. 친구가 절에 간다기에 무작정 따라나선 길이었다. 친구는 천주교 신자인 나를 조계사로 데리고 갔다. 섣달 그믐밤 자정이 다 되어 가는 시간이었다. 널따란 조계사 대웅전엔 몇몇 사람들만이 앉아 있었다. 차가운 바닥에 방석을 깔고 앉았다. 목소리가 좋은 비구 스님이 불경 읽는 소리가 대웅전 안을 가득 메웠다. 그곳에서 나도 모르게 주기도문을 외우고, 통회의 기도를 올리고, 난데없이 천주교의 기도문을 열심히 외웠다.

　스님의 불경 독경 소리가 마치 천주교의 성가처럼 들렸는지, 무언가에 홀린 사람처럼 그렇게 기도문을 외웠다. 수십여 분을 앉아 있던 내 마음이 잔잔해지고 있었다. 눈물이 났다. 그저 그곳이 천주교의 성당이 아니어도 충분히 내 마음을 진정시키고 있음은 어쩌면 무어라 형언할 수 없는 음성으로 경내에 울려 퍼지던 스님의 불경 소리 때문이었는지도 모른다. 그날의 불경 독송이 마치 성가처럼, 아니 어떤 음악에도 비교할 수 없을 만큼의 감동을 주었다고 해야 함이 옳을 것 같다.

　조계사 경내를 한 바퀴 돌고 나왔더니 다음 날 석모도 보문사로 가 보면 어떠냐는 물음에 선뜻 따라나서마고 했다. 자동차도 귀한 시절이니 데리고 가 준다는 말이 고맙기도 하고, 아니 어쩌면 그 밤의 불경 소리의 여운이 불교에 대한 내 호기심을 자극하였는지도 모르겠다.

　한겨울 강화도 외포항에서 배를 타고 떠난 석모도는 지금과 같은 풍경은 전혀 아니었다. 비포장도로를 따라 황량하고 쓸쓸한 갯벌이 보이는 바다를 보며 한 시간 이상을 달렸다. 가파른 돌계단을 올라 절 마당으로 들어서니 오래된 향나무와 석굴이 있었다. 차가운 석굴에 들어가 앉았다. 그때의 내 마음처럼 춥고 시린 공기가 온몸을 감싸 올랐던 것 같다. 지금처럼 말끔히 단장된 곳이 아닌 그때의 보문사는 먼 수행길에 오른 사람들만이 오는 곳처럼 느끼게 했었는지 내 마음을 더욱 쓸쓸하게 하였던 것 같다.

불교 신자였던 친구가 나를 위로한답시고 하는 말이었는지 수백 개의 계단을 오르면 커다란 와불이 있다고 했다. 영험하다며 올라갈 것을 권하였지만 가지 않았다. 불심이 없어서였을까 아니 누군가에게, 그게 부처라 할지라도 그때의 나를 의지하고 싶지 않아서였는지도 모르겠다. 비루해져 버린 자존심 탓이었으리라. 그 겨울날, 보문사를 내려오며 보았던 황량하고 쓸쓸했던, 그리고 전혀 다듬어지지 않은 바다 풍경을 보면서 느꼈던 내 마음이 어떤 것이었는지는 잘 기억나지 않는다.

제주에서 올라온 코흘리개 동무들은 대부분 버스를 탔고, 두 명이 친구와 나는 내 차를 타고 석모도로 향했다. 아침 8시가 막 지난 시간이어서인지 주말, 새우젓 축제가 있다는 데도 아직은 길이 한적하다. 벼가 노랗게 익어 알곡을 가득 품은 이삭이 고개를 떨어뜨린 채 부끄럽게 서 있고, 길가에 가로수가 이제 막 단풍에 물들어 가는 길을 따라 한껏 액셀러레이터를 밟는다.

친구들은 신이 난다며 이제는 서울 사람이 다 되어버린 내 초등학교 시절 이야기로 동심을 불러들인다. 마음이 저절로 따사로워진다. 파란 하늘에 황금빛 들판, 아름다운 바다가 주는 따사로움 만큼이나 예뻤던 이야기꽃이 풍선처럼 부풀어 오른다.

오늘은 여러 번 오면서도 오르지 않았던 와불상을 향해 계단을 오르기로 했다. 더 늦기 전에 한 번 올라 봐야 할 것 같았기 때문이다. 30여 년 전에 올랐다면 내가 불교 신자가 되었을까? 동심을 함께한 친구들이 초로의 나이가 되어 다리가 편치 않다는 데도 지금 아니면 다시 오를 수 없다며 재촉하고 나서 보았다. 키가 큰 M이 계단을 헤아리며 오른다. 힘들다고 하며 엄살을 떨어대는 친구의 손을 잡아 주고, 사진도 찍어주며 오르다 보니 어느새 커다란 와불 앞에 섰다. 와불이 내게 준 특별함, 그보다는 벗들이랑 함께 올랐다는 특별함이 더 가슴에 닿는다.

30여 년 전 그 겨울, 황량하고 쓸쓸했던 갯벌(?)은 이제 보이지 않는다. 따스한 가을 햇살에 빛나는 바다, 그리고 벗들과 함께한 오늘, 보문사의 오래된 나무들, 미소를 머금고 누워있는 와불의 평안함이 내 마음속으로 들어온다.

열 살 동갑내기 친구들이 재잘거림이 귓전에서 맴돈다. 농담인지 진담이지 나를 기다리는 동안 앞집 H가 나를 좋아했었다고 고백하였다는 말에 3학년 때 짝꿍이 자기도 그랬노라고 해서 하마터면 주먹다짐을 놓을 뻔했다며 놀려댄다.

가을 햇살에 내 얼굴이 발갛게 익어간다. 짓궂은 남자애가 놀려댄다. 부끄러운가 보다며.

보문사의 그해 겨울 그리고 이 가을이 내 마음을 흔든다.

2018. 10. 20.

운명인 것처럼

무더운 여름 장마철, 비가 줄기차게 내리고 그치기를 반복한다. 장맛비는 황금 같은 휴일의 내 발목을 야멸치게 묶어버린다. TV에서 흘러나오는 기계음도 싫증이 나고 하릴없이 심통이 나기 시작한다. 그때쯤 나는 책상에 앉아 컴퓨터를 켠다. 무언가를 쓰고 싶다는 강한 열망이 며칠째 오르락내리락하던 터인데도 갈피를 못 잡던 줄거리가 떠오른다. 자판을 두드리는 톡톡 소리가 계속되면서 하얀 화면이 까만 글씨가 늘어나기 시작한다. 생각 속의 것들이 글이 되어 나온다. 여느 때는 생각지도 못했던 이야기가 튀어나올 때도 있다. 그때는 손끝에 신명이 붙기 시작한다. 운명처럼 다가온 글쓰기가 나의 삶이 되어가고 있는 순간이다.

그날 울음을 그쳤을 때, 나는 머리맡에 놓인 책을 들었다. 입원할 때부터 장기 입원환자가 될 것 같은 예감에 혹시나 하고 책을 준비했었다. 오 헨리의 『마지막 잎새』가 생각나서였을까?

3개월여 동안 병원 신세를 지게 된 내가 어느 날 느닷없이 창밖에 붉게 물든 단풍잎을 바라보며 하염없이 울었다. 아마도 절망의 늪으로 빠져들어 가는 나를 건져내기 위한 마지막 몸부림이었는지도 모른다.

 신경성 위장장애(거식증)란 것이 증세가 완화되었을 때는 마치 꾀병 환자처럼 멀쩡해지니 그 시간을 위해 준비한 터였다. 문학잡지와 몇 권의 소설책이다. 증세가 완화되었을 때는 링거 바늘을 꽂은 채 책을 읽고 있는 나를 향해 의사는 웃으며 말했다. 책 읽으러 입원했느냐는 투이다. 그때는 나도 멀쩡한 사람처럼 농담했다. 그런 것 같다고.

 그런 나를 위해 의사는 정신과 병동에 비치되어 있는 책을 보겠느냐고 물었다. 당연히 그러겠다고 대답한다. 그 이유는 단지 책을 보기 위함이라기보다는 정신과 병동 안의 그들에 대한 호기심이 더 컸기 때문이다. 의사를 대동하고 들어선 정신과 병동은 철창으로 굳게 닫힌 문을 열어야 했다. 그제야 실감이 났다. 이게 정신과 병동과 일반 병동이 다른 점이었다는 게. 병동 안은 복도를 자유로이 왕래하는 환자도 있었고 출입할 수 없게 창살로 막힌 병실도 있었다. 의사는 내가 마치 병동에 시찰이라도 나온 듯이 일일이 안내하며 설명까지 덧붙인다.

 병동의 끝 지점에 이르러서야 도서실은 모습을 드러냈다. 도서실의 책들은 예상과 달리 그저 일반적인 도서들이다. 무슨 사이코 서적이나 정신과적 내용의 책들로 꽂혀 있을 줄 알았던 내

기대는 어이없는 착각이었다. 박완서의 책과 알튀세르의 자서전 등 몇 권의 책을 집어 들었다. 의사는 잘 골랐다며 그럴 때일수록 안정감을 줄 수 있는 책이 좋다며 거들었다. 그럴 때가 어떤 때이냐며 짓궂은 질문을 던진다. 나이 어린 의사는 순간 당황한다. 난 다시 일침을 놓았다. 나도 심해지면 조금 전 지나온 폐쇄병동 안의 그분들처럼 되냐는 질문을 던졌다. 의사는 내 말투가 농담인 것을 눈치채고 그럴 수도 있다고 대답해 놓고는 걱정이 되는지 그럴 가망은 거의 없다며 위로한다.

  정신과 병동을 나온 후 다시 책 읽기에 빠진 내 모습을 보며 의사는 책 읽을 때처럼 안정된 모습을 가져보라고 권유한다. 그건 나도 바라는 바다. 정말 내가 위장 발작을 일으켜 심한 구토증을 겪을 때는 절대 책을 손에 잡을 수 없을 것 같았다. 그러나 한바탕 소란을 피우고 나면 어느새 나는 다시 꾀병 환자로 돌아간다. 심한 증상을 겪을 때 나는 온갖 상상에 빠진다. 그 정신과 병동 안의 눈에 초점을 잃어버린 여느 환자 되어 있고, 철문으로 굳게 닫힌 독방 안의 환자가 되어 있기도 했다. 그 병동 안의 내가 되어가고 있을 때 나는 긴장의 끈을 놓지 않으려 안간힘을 쓴다. 그들처럼 되지는 않으리라 다짐하기도 한다. 어쩌면 의사가 그 병동의 모습을 보여준 건 나의 이런 반응을 유도하기 위해서인지 모르겠다.

  증상이 잦아들기 시작하면 병실 창밖에서 찬란하게 물들어 가는 단풍잎이 눈에 들어온다. 벌써 그해 가을이 다 지나가고 있었다. 가을 햇살 속에서 오색찬란하게 물들어 가는 단풍을 보며 감동하고, 탄식하며 다시 책을 손에 잡았다. 마치 내가 해야 할 일이 그것이었던 것처럼.

의사가 물었다. 앞으로 어떻게 살고 싶으냐고. 나의 대답은 간결했었던 것 같다. 그냥 지금처럼 책이나 읽으며 아무것도 하지 않고 살아보고 싶다고 했다. 그때 나는 일도, 삶도 지쳐가고 있었던 것 같다. 아마도 건강이 나빠지면서 세상사 모두가 허무해지고 있었는지도 모르겠다. 그런 내가 지금은 글을 쓰고 있다. 그때는 상상조차 할 수 없었던 삶을 살아가고 있다.

이 후텁지근하고 끈적끈적한 장마철, 온몸에 땀이 송송 배어나고 있지만, 에어컨도 켜지 않는 작은 글방에서 구식 선풍기의 윙윙거리는 바람 소리를 들으며 자판을 두드리고 있다. 여느 날 운명처럼 더딘 걸음으로 내게 다가온 글쓰기가 가냘픈 선풍기 바람에 실려 손끝을 떠나며 하얀 백지장에 인생의 꽃을 피우고 있다. 내 인생의 끝자락에 찾아와 준 글쓰기가 삶의 활력소가 되고, 지나간 시간을 반추하며 보내는 데 힘을 주고 있는 것 같다. 비록 글쓰기가 모자람도 드러나고, 슬럼프도 겪고 있지만, 이 어찌 흡족하지 않으랴! 글이 좋고 나쁨이 문제가 아니다. 내가 그 글과 함께 살아가고 있음이 중요하다. 그 글과 함께 행복해지면 그걸 운명이라 여기며 살아가리라. 나는 어느새 운명인 것처럼 글 쓰는 사람이 되어가고 있으니, 그것으로 충분하다.

어느 멋진 휴일, 내 소박한 서재에서 마음을 담은 한 편의 글을 쓸 수 있는 날, 그날이 내게는 생일날 같다. 창문을 여니 한여름 밤바람이 소리 없이 들어와 속삭인다. 앞으로 살아가는 동안 글쓰기가 너의 삶을 풍요하게 하리라고. 아미를 간질이는 밤바람을 향해 아마도 그럴 것 같다며 웃어 보인다.

2017. 7. 9.

그날에도

비가 내린다. 10여 년 전 7월의 여름날 그날도 비가 내렸다. 마치 그날을 기억하기라도 하는 듯 비가 하염없이 내리고 있다. 하늘은 온통 먹구름에 잔뜩 덮여 있다. 폭풍을 몰고 오는 구름이 있어 한데 모아 놓았는지 빗소리가 점점 거칠어진다.

6.25의 격전지, 역전의 분수령의 되었던 다부동 전투 55일간의 날씨도 그랬을까?

다부동 전투는 한국전쟁의 분수령이었다고 한다. 파죽지세로 밀고 내려온 북한군을 맞아, 국군과 유엔군은 필사의 전투를 벌였다. 이 전투가 최초의 한미 연합 전투였다. 전쟁 발발 35일 만에 낙동강까지 후퇴했다. '의성~청송~영덕'의 북쪽 방어선이 '칠곡~영천~경주~포항'까지 밀렸다. 절체절명의 위기였다. 임시수도를 대구에서 부산으로 옮겼다. 물러날 곳이 없었다. 그 무렵 가장 중요한 전투가 벌어진 곳이 바로 경북 칠곡이다. 가산면 다부리

일대의 '다부동 전투'는 전세를 뒤집는 계기가 되었다고 한다.

다부동 전투에 종군 문인단으로 직접 참전했다는 조지훈 시인의 「다부원에서」이다.

> 한 달 농성 끝에 나와 보는 다부원은
> 얇은 구름이 산마루에 뿌려져 있다
>
> 피아 공방의 포화가
> 한 달 내리 울부짖던 곳
>
> 아 아 다부원은 이렇게도
> 대구에서 가까운 자리에 있었고나
>
> 조그만 마을 하나를
> 자유의 국토 안에 살리기 위해서는
> 한해살이 푸나무도 온전히
> 제 목숨을 다 마치지 못했거니
>
> 사람들아 묻지를 말아라
> 이 황폐한 풍경이
> 무엇 때문의 희생인가를… (하략)

다부동 전투의 치열함을 목격한 시인의 고뇌가 응축된 시이다. 연화리의 산마루에도 포화가 한창이던 그때처럼 얇은 구름이 드리워져 있다.

그가 고향 마을 높은 언덕에 호국평화공원을 만들어 국가의 운명을 갈랐던 다부동 전투 55일간을 기념하고자 함은 그의 가슴에 담긴 국가관이 용솟음쳐 올랐기 때문이리라. 그가 전망대에 높이 올라 낙동강을 바라보며 회상에 젖는다.

비만 오면 홍수가 나던 고향 마을, 전쟁으로 끊어졌던 철교가 다시 이어진 그 자리, 물길을 잡아 주자 풍요의 땅으로 변하고 평화의 땅이 되었다. 55일간의 전투에 희생된 선열들의 피를 생각하며 뭇사람들의 반대를 무릅쓰고 강행한 낙동강 정비 사업의 결실임을 부인할 수 없는데, 아직도 사람들은 아름답고 풍요로운 풍경을 또 다른 시선으로 바라보고 있음이 안타까운지 몰래 한숨을 짓는다.

2년여 전부터 초대한다던 칠곡의 그 집을 방문하는 날이다. KTX라는 초고속 열차 덕에 1시간 반 만에 칠곡에 도착할 수 있었다. 칠곡군 지천면 연화리, 그 마을은 40여 호 남짓 되는 작은 마을로 꽤 오래된 마을이었다. 마을 입구 호숫가에는 나이 든 소나무가 아름드리가 되어 우리를 아니, 그곳에서 나고 자란 그를 기다리고 있었다. 마을 초입에 있는 초등학교는 폐교가 되어 색다른 문화공간이 되었다.

요즘 고향을 방문하는 사람이라면 누구나 느끼는 감정이 있다. 내가 살던 마을이 대도시가 되어 흔적도 없이 사라져 버리거나, 초라하고 쇠잔해진 모습으로 목 놓아 누군가를 기다리는 모습이다. 이곳 연화리의 모습 또한 수십 년 전 떠나간 아들을 기다리는 노쇠한 어머니의 모습이었다. 호숫가에 의연히 남아 있는 아름드리 소나무는 아이들이 그네를 걸던 가지가 호수로 기울어져 더러는 잘리기도 하고, 더러는 몸통을 부서뜨리기도 하였지만, 안간힘으로 버티며 떠나간 이들을 기다린다.

고향 집을 찾아올 동생을 위한 형의 마음이 담뿍 담긴 한옥, 수백 년 동안 조상의 숨결을 안고 있는 한옥은 가족들의 삶을 고스란히 간직한 채 아들을 기다리고 있었다. 초등학교 시절 마을을 떠난 아들은 수십 년을 돌고 돌아 이제야 고향 집 울타리 안으로 들어선다. 하염없는 시간 속을 고향 집은 변함없는 모습으로 기다리고 있었으리라. 마당으로 들어서자, 장독대를 닦으시던 추억 속 어머니의 모습이 한 폭의 그림처럼 서 계시다 한달음에 달려 나오신 어머니는 아들의 손목을 잡는다. 영상이 된 어머니의 하염없는 눈 맞춤이 또 한 장의 그림이 된다.

세상의 중심에 섰던 그가 이런저런 사연을 모두 벗어던지고 이제는 자연인이 되어가는 모습이 더 좋아 보인다. 그해 7월의 그도 그랬다. 덥수룩한 수염에 털털한 옷매무새, 어느 산촌에서도 닮던 모습으로 우리 앞에 우람하게 서 있었다. 오늘 그가 우리를 예의 그 고향 집으로 초대함은 수백 년의 역사를 안고 그를 기다리던 그곳에서 자연인으로 살아가고자 하는 그 속내를 보여주고 싶었으리라.

좁은 골목을 달음질쳐 나오면 마을의 호숫가 둔덕에 든든한

버팀목이 되어 줄 것을 약속하던 소나무들, 그 품에 안고 그네를 태워주며 세상 보는 눈을 키워주던 나무는 아직도 여전히 그를 반갑게 맞아 준다.

세월의 질곡을 돌아 나와 오늘 그곳에 이르니 새로운 삶이 다시 그를 맞는다. 새벽녘 물안개 낀 호숫가 산책길에서 크게 가슴을 펴고 소나무에 말을 걸어본다.

그가 그곳을 떠나던 그날, 고향 집 호숫가 언덕에서 눈물을 글썽이며 배웅하던 소나무가 푸근하고 넓은 가슴으로 그를 맞는다. 마치 그의 어머니인 양.

구름이 한바탕 소나기를 퍼붓더니 어느새 조각조각 흩어진다. 구름이 흩어진 사이로 해가 맑은 얼굴을 내민다. 10여 년 전 그 날에도 구름을 헤치고 나온 맑은 해가 우리들의 만남을 이처럼 반겼다. 먹구름이 몰려오고 비바람이 몰아치고 설령 폭풍우가 몰려온다고 할지라도 그곳엔 다시 맑은 해가 떠오를 것이다. 그가 다시 설 고향 집 언덕에 소나무 가지가 무성해지면 그 마을에도 다시 새로운 그의 향기가 나기 시작할 것이다.

호숫가 둑길로 길게 뻗은 소나무 가지에 걸린 그네가 그를 태우고 하늘을 향해 힘차게 날아오른다. 다부동 전투가 무언지도 모르는 아이들도 그네에 오른다. 그의 얼굴에 엷은 미소가 번진다.

그가 질곡의 세월을 겪고서야 여기에 섰기에 마음이 유달리 촉촉해지는 것은 아닌지 모르겠다. 마음이란 참 이상한 것이다.

2017. 8. 24.

매일 매일의 이유

 봄이 온다는 입춘이 지났다. 봄이 오는 것을 시샘하는 것인지요 며칠 동안의 날씨는 쌀쌀하다 못해 한파의 연속이다. 아파트 울타리를 안고 있는 소나무 가지의 흔들거림으로 보아 바람이 꽤 부는 모양으로 하늘을 감싸 안은 공기는 푸르고 시리다. 주말 날씨는 강추위에 남녘땅은 폭설까지 온다고 하니 마지막 추위가 기승을 부리는 것 같다. 매해 이맘때쯤이면 안 오던 눈도 쏟아지고, 겨울인가 의심하게 하던 날들도 세찬 겨울바람이 막바지 몸부림으로 요동치니 겨울도 자신의 존재를 드러내고 싶어 욕심을 부리는 것일 거다.
 문득 매일 매일 살아가는 이유가 궁금해진다. 시간이 갈수록 나아질 줄 알았던 교통사고 후유증은 나아지기는커녕 점점 더 심해지는 것이 아닌가 하는 의심이 들기 시작한다. 내 나름대로는 부지런히 물리치료도 받고 그 하기 싫다는 운동 치료도 열심인데 아직은 별 차도가 없어 보인다. 이러다가 영영 나아지지 않고 고착되어 버려서 만성통증 환자로 전락해 버리면 어쩌나 싶은 생각에 마음이 쓸쓸해진다. 몸이 아프면 마음도 아프다 했던가? 늘 푸른 소나무 같을 것 같았던 내 마음에도 쓸쓸함과 적막감이 몰아쳐 온다. 몸에 좋다는 쓰디쓴 잎 차 한 잔을 준비해 놓고 컴퓨터 앞에 앉아 보았다.

오늘 나의 할 일, 존재 이유가 무엇이었던가? 사람마다 존재 이유, 삶의 이유가 있을진대, 오늘은 무엇 때문에 존재하고 있음인가를 묻기 위함이다. 딱히 생각나는 것도, 손끝에서 흘러나오는 단어도 없다. 오늘은 존재의 무, 무존재의 날이런가? 존재의 무가 있을 수 있을까? 해탈한 스님도 아닌 것을. 그러나 지금은 아무리 생각해 보아도 그 존재의 의미가 떠오르지 않는다. 그렇다 하더라도 나는 부득불 오늘 나의 존재 의미를 찾고 싶다. 왜냐하면, 나의 오늘을, 오늘의 의미를 만들어 가야 하기 때문이다. 이것도 강박증의 한 모습인가? 생각이 깊어질수록 심연 속으로 빨려 들어가는 듯한 심경은 더더욱 알 수 없는 절망의 늪으로 다가가고 있음을 발견한다.

이런 지금의 심경을 어찌해 볼 수 없는 나는 창문을 열고 영하의 차가운 공기를 크게 들이켜본다. 차가운 공기가 폐부 깊숙이 들어온다. 그 공기의 흐름이 어쩌면 내 마음의 갈래를 바꾸어 놓을지도 모른다는 생각에 다시 한번 창문을 열어젖힌다. 드문드문 뭉게구름을 품은 하늘은 시린 공기를 한꺼번에 내 폐부로 몰아넣는다. 맑고 시원한 공기가 내 폐부를 훑고 지나간 후에야 깊은 심연 속으로 내려앉던 내 마음이 조금은 진정이 되는 것 같다. 어쩌면 태어남과 살아옴, 그것이 한데 모여 오늘의 존재 이유였음이 아닐까?

어딘지 알 수 없는 곳에서 자란 초석잠 풀잎이 지인 손으로 덖어 오늘 나의 찻잔에 담겨 있듯이 내 삶, 내 존재 이유도 세상에 태어나는 날 이미 그 존재 이유가 있을 것이니 굳이 오늘 그 존재 이유를 깊이 생각하지 말자. 그저 살아가는 동안, 살아오는 동안 내게 주어졌던 많은 날과 사연, 그리고 희망과 절망, 시련과 극복들이 모여 오늘의 내 존재를 이루고 있음이라 여기고 싶다.

이제 다시 시작될 푸르른 봄에 찾아올 따사로운 볕을 기다리며 오늘의 나를 만들어 가다 보면 어느 날엔가 오늘 내 존재 이유는 다시 새로운 내 존재를 찾아 나설 수 있으리라.

오늘은 그저 이 한 잔의 차와 푸른 하늘, 맑은 공기, 시린 바람을 맘껏 마실 수 있음을 내 존재 이유로 삼아 보는 것이다. 그것이면 족하다. 굳이 오늘 내 존재 이유를 따져 물어 피곤한 삶을 살 이유가 없지 않은가? 매일 매일의 이유는 그날그날 그 나름의 이유로 이어지고 있음인 것을. 어느 날엔가 시간이 흐르고 이유 있는 날들이 지나면 내 건강도 회복될 것을 기대한다.

기상청의 일기예보처럼 올겨울의 마지막 폭설이 찾아와 세상이 온통 눈 덮인 산야가 된다면 나는 서슴없이 카메라를 들고 추위 속 눈 덮인 산야로 나서리라. 매일 매일 내 존재 이유를 찾아서.

2017. 2. 10.

그저 그런 이야기들

　30여 년이 훨씬 넘은 것 같다. 친구 중 누군가가 「고도를 기다리며」를 보러 가자고 제안했을 때 나는 고도가 섬인 줄 알았다. 연극이란 것이 조금 생소하던 때이다. 그때쯤 문화인이라면 몇 편의 연극쯤은 보아두어야 한다는 생각 속에 갇혀 있었던 때인 것 같다.
　그때 「고도를 기다리며」는 연극을 볼 줄 아는 사람이면 보아야 마땅한 것쯤으로 자리 잡고 있었던 것 같다. 장소가 어디였는지 정확히 기억조차 없는 어느 소극장이다. 서너 명의 함께 간 친구들은 너도나도 무슨 소리를 하고 있는지도 모르면서 졸린 눈을 끔뻑거리다 왔던 기억이 「고도를 기다리며」의 줄거리 전부이다. 아무도 졸렸다고 말하지도, 재미있었다고 말하지도 않았지만, 누구도 언급을 회피했던 것으로 보아 그들도 나처럼 졸았음이 분명하다.

2017년판 「고도를 기다리며」를 관람하자는 제의가 왔을 때 30여 년 전 보았던 그 고도가 섬이 아닌 것쯤은 그동안 세간에 회자하는 내용으로 대강은 짐작하고 있었다. 극단 산울림이 대표인 임영웅 씨가 여러 차례 연출하였고 해외 공연에서도 호평받았다고 한다. 연극은 수많은 배우가 거쳐 가면서 마치 연극의 바이블처럼 여겨지고 있다고 해도 과언이 아니라는 평이다.
　100여 석쯤 되어 보이는 소극장 안, 좌석은 관객들을 거의 채우고 있었다. 극이 내용이 다소 철학적이기도 하고 지루한 감이 없지 않을 터인데도 관객들은 의외로 이삼십 대 젊은 층이 대부분이었다. 요즘 아이들은 감각적이고 희화적인 내용에 더 관심을 가질 것이라는 편견을 걷어내기에 충분하였다. 더욱 놀라운 것은 그네들의 관람 태도의 진지함이었다. 중간중간 진지한 반응은 물론이고 주인공의 대화가 심연을 향해 나아갈 때는 숨죽인 듯 응시하는 표정들이 너무나 진지해 숨이 멎을 것만 같았다.
　시골길, 앙상한 고목 나무가 한 그루 서 있을 뿐 아무것도 없는 곳, 그 나무 아래에서 블라디미르(디디)와 에스트라공(고고)은 실없는 수작과 부질없는 행위를 반복하며 '고도'를 기다린다. 우스꽝스러운 모습으로 아장아장 걸어 들어온 에스트라공과 장화를 벗어버리지 못해 안달하는 블라디미르의 등장에서부터 희화적인 슬픔을 고조시킨다. 길고 무의미한 그저 그런 이야기들이 지루해질 즈음 왜 떠나지 못하냐는 블라디미르의 질문에 고고는 고도를 기다려야 함을 반복한다. 반복되는 일상이 지루해질 즈음

포조와 그의 짐꾼 럭키가 등장하여 많은 시간을 메운다.

그리고 그 기다림에 지쳐갈 때쯤 한 소년이 등장하여 말한다. "고도 씨는 오늘 밤에는 못 오고 내일은 꼭 오시겠다고 전하랬어요." 이렇게 어제인지, 오늘인지, 혹은 내일일지 모르는 하루가 저물어 가는데 고도를 기다리며의 기다림은 언제나 현재 진행형이다. 더 부조리[1]한 것은 약속의 시간도, 장소도, 목적도, 그리고 무엇보다 그 대상도 불확실하다는 사실이다. 그러나 "고도를 기다려야 해"라는 말은 마치 거역할 수 없는 운명의 주문처럼 고고와 디디를 다시 지루한 기다림의 현실로 불러들인다. 절대로 떠날 수 없는 어떤 운명의 사슬에 묶여진 사람들처럼.

1시간 30분의 시간을 넘치도록 채우고 1부가 끝났을 때 어딘지 허전했다. 연극이 끝난 줄 알았기 때문이다. 영화처럼 2부가 있으려나 싶었는데 10분간 휴식이란다. 다시 한 시간 반의 2부가 있다는 것이다. 우선 목이 말랐다. 편의점을 찾아 생수를 사서 벌컥벌컥 들이마셨다. 숨죽인 듯 보낸 한 시간 반 동안의 긴장 탓이었는지 그제야 호흡이 부드러워졌다. 그때부터가 걱정이다. 9시가 지난 시간인 데다 전날 밤, 잠을 설쳤으니 졸음 귀신이 나타날 것만 같았기 때문이다. 내가 졸릴 것 같다는 소리에 지인은 물이 있어서 괜찮을 것 같다고 위로한다.

2부가 시작되었다. 다시 같은 모양이 그저 그런 대화들이 오

---

[1] 이 연극은 '부조리극(theatre of the absurd)'에 속한다. '부조리'란 말은 이 경우 일상어에서 말하는 것처럼 우스운 것을 의미하는 것이 아니라 인간 존재의 의미와 무의미에 대한 질문과 연관된다.

고 간다. 디디와 고고의 설전이 지루해질 무렵 다시 포조와 짐꾼 럭키가 등장한다. 짐꾼 럭키의 조그만 반란이 이어지고 여전히 지루한 대화가 오고 갈 무렵 내 눈꺼풀은 시나브로 내려앉고 말았다. 눈꺼풀만 내려앉은 것인지 고개마저 떨구었는지는 알 수 없다. 내가 눈을 떴을 때는 포조와 짐꾼 럭키가 무대를 나가고 없었다.

결국, 내 생애 두 번째의 「고도를 기다리며」의 관람은 졸음으로 마무리했다. 슬쩍 옆자리와 주변을 둘러보았다. 혹시나 내 졸음을 훔쳐보는 이가 없나 해서이다. 모두가 연극에 몰입해서인지 모른 척해주는 것인지 별 반응이 없어 보인다. 아니 어쩌면 알아도 모른 척해주는 것이 맞을 것 같다.

숨죽여 마지막 장면을 응시한다. 긴 호흡 끝에 끝난 고고와 디디의 그저 그런 이야기들은 철학적 상념이 되어 내 가슴으로 들어왔다. 조그만 무대의 나무 위로 태양 빛 조명이 환하게 켜진다. 출연 배우의 인사가 끝난 후 나는 고백했다, 포조와 짐꾼 럭키가 나가는 것을 못 보았다고. 그래도 30년 전 그날보다는 꽤 많은 줄거리가 생각나는 것을 보니 나도 이제 삶의 깊이가 좀 깊어진 모양이긴 하다.

극장을 나오자, 봄바람이 상기된 볼을 간질인다. 늦은 밤 봄내음 가득한 밤길을 따라 버스정류장을 향해 걸으며 연극의 주제를 생각해 보았다. 생애 두 번씩이나 내 눈꺼풀을 내려뜨린 연극 「고도를 기다리며」의 고도는 이 시대를 살아가는 사람들, 원작자 사무엘베케트[2] 그리고 관객들이 각자 기다리는 고도가 무엇인지에 대해 끝나지 않는 고민과의 줄타기가 아닐는지. 그리고 사람들의 마음속에 자리 잡은 유토피아, 혹은 신, 소망과 열망이 아닐는지.

2017. 4. 18.

---

[2] 「고도를 기다리며」는 베케트가 2차 대전 당시 겪은 피신 생활의 경험이 밑바탕된 것으로, 그가 남프랑스의 보클루즈에서 숨어 살면서 전쟁이 끝나기를 기다리던 자신의 상황을 인간의 삶 속에 내재된 보편적인 기다림으로 작품화한 것이다. 주석은 www.naver.com 참조하였음.

H 군의 어느 날

"선생님 H는 요양원에 들어갔어요."
"아니 왜요?"
"그 친구는 이제 그런 상황이 될 만큼의 나이가 됐거든요."

지적장애가 있는 H 군의 이야기이다. H 군은 40이 조금 넘은 나이이지만 그들의 특성대로 조로 현상이 와서 노인요양원에 가야 할 만큼 변했다는 이야기이다. 그 아이들의 부모가 자기 자식들보다 하루만 더 살게 해달라고 평생을 기도한다는 이야기가 새삼 떠올랐다. 정상인 같으면 한창인 나이인데 그곳으로 보내야 하는 부모의 마음이 참 안쓰럽다.

몇 해 전의 일이다. P주간 보호센터의 아이들과 함께 제주도 여행을 가게 되었다. 서귀포의 콘도 회원권을 사용할 수 있는 내가 나서서 콘도도 예약하고, 차도 섭외하고, 아이들의 보호자가 되어 따라나선 길이었다. 20여 명의 지적장애인, 뇌병변장애인,

복합장애인 등으로 구성된 P기관은 어려운 여건 속에서도 아이들을 위해 장거리 여행을 계획한 것이다. 거동이 불편한 것은 물론이고, 정신적 장애를 겪고 있는 아이들이니 그들을 데리고 나서기가 쉬운 일이 아닐 텐데도 기관장은 그 어려움을 모두 끌어안고 오직 아이들에게 행복한 여행을 선사하기 위해 감행한 일이다.

20여의 아이들과 그들을 케어할 자원봉사자, 기관의 선생님들을 합하면 50여 명 가까이 되는 인원이 움직임은 당연히 어려움의 연속이었다. 비교적 아이들이 이동이 편리한 곳을 찾아 여행할 수밖에 없는 상황이니 마치 사오 육 세의 아이들을 데리고 여행 온 상황이라 하면 옳을 것이다. 아니 그보다 더 열악한 조건이 될 수밖에 없다. 어린아이들은 몸을 가볍게 움직일 수 있으니 훨씬 더 수월하겠지만 이 친구들은 몸마저 최악의 상황이니 어려움이 더 가중될 수밖에 없다.

여러 가지 우여곡절을 겪으며 2박 3일의 여행을 마치고 마지막 저녁 식사는 신제주의 대형 음식점으로 갔다. 소속 교회 담임목사의 제주도 지인들의 주선으로 아이들은 물론이고 우리도 맛있게 저녁을 먹었다. 선생님들과 자원봉사자들은 모두 이제 비행기만 타면 되겠구나 싶어 서로 안도하고 있었다. 식당에서 공항까지는 10여 분만 가면 되는 곳이었으니 일정 동안 별 탈 없이 잘 지낼 수 있었음을 내심 감사하고 있었다. 자동차에 전원 승차시키고 자원봉사자와 선생님들은 각자 자신이 돌볼 아이들 점검에 들어갔다. 앞자리부터 하나씩 하나씩 점검해 나갔다. 첫째 칸, 둘째 칸, 셋째 칸, 서로 짝꿍을 확인하며 천천히 뒷자리까지 갔다.

"선생님 H가 없어요." "응, 어디 갔니?" "모르겠어요." 순간 선생님과 자원봉사자들의 안면은 모두 경련이 일만큼 얼어붙었다. 누구랄 것도 없이 자동차에 있는 아이들을 케어할 몇 명만 남겨놓고 식당으로 달려갔다. 족히 수백 평은 되어 보이는 식당을 샅샅이 뒤졌다. 급한 마음에 남자 화장실을 여선생이 들어가는 실례를 범하는가 하면, 다른 사람들이 식사 중인 룸까지 벌컥벌컥 문을 열었다. 놀란 이들이 눈을 크게 뜨고 쳐다보면 죄송하다고 말하고 상대방의 대답을 들을 겨를도 없이 뛰어다녔다. 저녁 6시 30분쯤 시작된 H 찾기는 8시가 다 되어도 흔적조차 찾을 수가 없었다.

어쩔 수 없이 일행을 먼저 보내기로 했다. 기관장인 L 목사와 자원봉사자인 Y 선생님, 그리고 제주도가 고향인 내가 남기로 했다. 나는 어차피 하루 더 있다 올 예정으로 친구가 데리러 올 예정이었다. 남겨진 우리는 우선 H 군의 실종신고부터 했다. 지인들을 동원하여 경찰의 협조 요청까지 받아놓았다. 오랜만에 만났으니 분위기 있는데 가서 차나 마시자며 나를 데리러 온 내 친구는 우리의 상황을 보고 같이 합세했다. 다행히 친구가 가지고 온 차를 타고 식당 인근 마을을 골목골목 찾아다니기 시작했다.

H 군은 지적장애 2급으로 음악이 나오면 어디서든 신나게 춤

을 추는 특성이 있었다. 그 아이의 특성으로 보아 어쩌면 공원이나 길가의 상가에서 음악이 나오면 춤을 추고 있을지도 모른다는 L 목사의 말에 이미 어둠이 깔려버린 동네 공원과 상가를 모두 돌아다녔다. 어느 쪽에선가 음악 소리가 들리면 무조건 그곳으로 달려가 혹시나 하고 찾아보았다. 어디에도 없었다. 벌써 두 시간이 지나고 있었다. 별별 생각이 다 들었다. 혹시나 하는 마음에 교통사고 신고 상황도 점검해 보았다. 한 건의 교통사고도 없다는 확인만 돌아왔다. 그것만이라도 다행이라는 심경이 되어 갔다. 뿔뿔이 흩어져서 찾아다니던 네 명은 다시 모였다. 우선 우리는 남아서 다시 찾아보기로 하고 일행들은 먼저 서울로 올려보내자고 의견을 모았다.

마지막으로 한 바퀴만 다시 돌아보고 내일 다시 찾자며 다시 식당 앞으로 가는 중이었다. 길 건너 쪽에서였다. 우리 일행의 여행 유니폼으로 맞춰 입은 하늘색 조끼를 입은 사람이 언뜻 지나갔다. "잠깐만! 저기, 저기로 가 봐" 내 친구는 엉겁결에 불법 유턴까지 하며 반대편으로 차를 몰았다. 그곳에 H는 콧노래를 흥얼거리며 식당 쪽으로 흥겹게 걸어가고 있었다. 반가운 마음에 차가 채 세우기도 전에 훌쩍 뛰어내렸다.

"H야!" "성생님" "어디 갔었니?" "저기요," 그의 손가락은 신제주의 끝을 향해 가리키고 있었다. 무작정 걷기를 좋아하는 그 아이는 아마도 무작정 걸어가다가 신제주를 지나서 해안동쯤 갔다 온 모양이다. 그곳까지 가면 가로등이 없어 깜깜했을 테니 아마도 그제야 돌아서서 다시 그대로 식당을 향해 걸어오고 있었을 것이다. 그 아이의 특성대로 말이다. 우리는 누구도 그 아이에게 나무라지도, 묻지도 않았다. 그저 이제라도 돌아와서 우리 품에 돌아왔으니, 그것으로 되었다. 마음 한구석이 안도감인지, 다행함인지, 감사함인지 모를 야릇한 감성으로 채워지고 있었다.

 비행기 이륙시간 15분 전, 공항으로 전화를 걸었다. 지금 아이를 찾았는데, 갈 수 있게 해 달라고 부탁했다. 사정을 아는 항공사 측은 이미 탑승 완료하고 이륙 준비를 하던 중이지만 최선을 다해 볼 테니 빨리 오라고 한다. 이륙 직전에 도착한 우리 일행은 여행 일정을 도와준 여행사 대표와 항공사 측의 배려로 간신히 비행기를 탔다.

 그 숨 가빴던 긴박한 두 시간 반을 보내고 제주에 남겨진 나와 내 친구는 카페에서 차를 마시며 한숨을 돌렸다. 물론 그날 친구와의 저녁 스케줄은 챙길 엄두도 못 내고 펑크 내고 말았지만, 그 시간 동안 한 사람의 생사를 가늠해야 하는 긴박한 시간을 함께하며 H를 찾은 것으로 그 친구도 나도 만족하기로 했다. 그리고 H와 같은 아이들을 가진 부모들의 마음을 헤아리며 안타까운 마음을 같이했다.

 아마도 그날 우리가 그 아이를 찾지 못했다면 H는 지금 요양원이 아닌 하늘나라에 가 있을지도 모른다. 그 아이들이 길을 잃어버리면 어린아이들보다 더 찾기가 어려울 것 같은 생각이 들었다. 어린아이들은 엄마를 찾으며 울고불고 돌아다니니 누군가의 눈에 띄어 붙들어 앉히고 찾아 줄 수도 있지만, 그 아이들은 그저 웃으며, 아무런 표정 없이 걸어가기만 하니, 어른 행색을 한 그들은 누구의 관심도 받을 수가 없게 된다. 그러니 걸어 다니다가 배고파 죽거나 병에 걸려 죽고 말겠다는 생각이 들었다.

인명은 재천이라 했던가? 그날 나와 함께 H를 찾아 돌아다니던 친구는 몇 해 전 하늘나라로 가고 말았다. 생각지도 않게 떠나 버린 그 친구의 장례식 날에도 나는 H 군이 생각났다.

2016. 8. 6.

2

상상은 자유다

열정 한 시간

집콕 세월이 길어진다. 코로나19의 귀신에 들린 지 1년이 훌쩍 넘어 버렸다. 전 세계의 어느 곳에도 용한 무당이 나서서 이 귀신을 쫓아냈다는 소문은 아직 없으니, 이 귀신은 절대 굿이나 해서 쫓아낼 수는 없을 것 같다. 세계 유수의 과학자들이 각국 정부의 전폭적인 지원을 받으면서도 이제 겨우 백신이나 치료제가 나왔다고 하니, 아주 센 귀신임이 틀림없는 모양이다.

토요일 오후, 모이지도 말고, 만나지도 말라는 추상같은 명령이 떨어졌다. 누구를 불러낼 엄두도 못 내고, 혼자 나서자니 이런저런 망설임의 끈을 끊어 내는 게 쉽지 않다. 점심을 먹고 나자 더는 견딜 수 없는 마음이 되고 만다.

에라 모르겠다. 서둘러 카메라 가방을 챙겼다. 자동차 도로는 예상외로 밀렸다. 에라 모르겠다고 나선 이는 나뿐만이 아닌 모양이다. 한 시간이면 족한 거리를 두 시간이 다 되어서야 황산도에 도착했다. 여느 때 같으면 섣달 보름이 조금 지난 8물 때이니 파도가 거칠어 장노출 촬영에 안성맞춤일 때이다. 코로나 이전 같으면 삼각대를 펼 자리도 없었겠지만 그래도 지킬 것을 지키고 사는, 나보다는 좀 나은 사람이 많은 편인지 삼각대를 펼 자리는 남아 있다. 그래도 조금씩 거리 두기를 실천하려고 노력하는 탓에 남아 있는 자리인지도 모른다.

두근거리는 가슴으로 마스크를 쓰고 사진 촬영 준비를 시작하는데 어디서 많이 듣던 목소리가 들린다. 아무리 오래 못 만났다고 해도 20여 년간 촬영을 같이 다닌 사람이니 목소리를 기억하는 건 당연한 일이다. 얼굴이 작아 눈만 빼꼼히 보이는 내 얼굴을 사방으로 돌린다. 그는 '바우님'이다. 큰 바위 얼굴의 약칭으로 붙게 된 별명이다. 나와는 달리 얼굴이 반은 나와 있는 상태여서 금방 눈에 들어온다.

크게 손을 흔들었다. 그가 큰 목소리로 "어! 누구랑 왔어요." 한다 "혼자요" 그는 삼 일째 황산도에서 차박 하는 중이라고 한다. 팔을 내밀며 여관이랑 찜질방이 문을 닫아 씻지도 못했다며 냄새를 맡아 보라고 한다. 그런 냄새 안 맡아도 괜찮다며 눈을 흘겼다. 서로 반가움에 팔을 부딪치고 주먹을 들이대기도 한다. "와~ 우리 양 언니 열정 대단하다."라며 엄지를 세운다. 나도 같이 엄지를 세웠다.

갯골의 라인을 따라 들어올 바닷물이 들고 남을 한 시간 동안 카메라에 담을 예정이다. 새로 장만한 중형 카메라에 처음 담는 곳이다. 한 시간의 열정을 위해 마련한 카메라이다. 한 시간 동안 셔터 막을 열고 바닷물이 들고 남을 담는다. 그곳으로 달려갈 때의 붉은 열정이, 두근거리는 마음이 천천히, 조금씩 식어가며 황산도 드넓은 갯벌의 골을 따라 안개처럼 피어오르는 물의 희로애락을 만나게 된다. 물인들 희로애락이 없으랴. 바람이 불면 거칠게, 날이 더우면 열감에 휩싸여, 추운 겨울이면 북풍한설에 몸을 맡기니 그 속에 물의 열정 한 시간이 고스란히 담긴다.

바우님이 말한다. 장노출 사진을 찍으며 우리는 지나친 열정도, 욕심도 내려놓는 법을 배우며 살아가는 것 같고, 우선 몸을 쉬게 할 수 있어서 더욱 좋다고. 그렇다는 내 맞장구에 더욱 신이 난 그가 셔터 막이 열린 한 시간 동안 쉼 없는 토크에 귀에서 피가 나려고 할 즈음에 철거덕 하고 셔터 막이 닫혔다. 사실 피가 나더라도 한 시간의 기다림을 메워준 토크이니 감사히 여겨야 함은 당연한 일이긴 하다.

집을 나올 때 가졌던 답답함도, 사진 찍을 욕심에 불타오르던 열정도 서서히 조금씩 조금씩 내려놓을 수 있었음에 감사함을 느낀다.

이 열정이 코로나 귀신도 잡아갈 능력이 있다면 얼마나 좋을까?

2021. 1. 30.

아무도 죽지 않으면

　몇 년 전 어머니는 큰 수술을 받았다. 12시간의 수술을 끝낸 의사가 수술실에서 나왔을 때 의사는 온몸이 땀으로 젖어 있었다. 4시간이면 족하다던 수술은 뇌로 이어지는 대동맥이 터지면서 위기를 맞았고 마음의 준비를 하라는 메시지까지 받았다. 가까스로 수술은 성공했고 6년이 다 되어간다. 그러나 연세가 있어 이곳저곳에서 신호가 터진다. 그럴 때마다 연세를 타령하는 의사의 설명에 주눅이 든다.
　박진식 세종병원 이사장은 5월 17일 자 매일경제신문 춘추의 '아무도 죽지 않는 세상'이라는 글에서 의료기술의 발전에 대하여 논했다. 인공심장이 개발되고 신장 기능을 대신해 주는 혈액투석기, 청각 기능을 되찾아 주는 인공 와우, 당뇨병 환자를 일상으로 복귀시켜 주는 인공췌장, 파킨슨을 완화 시켜주는 뇌 자극기, 척추손상 환자들을 위한 외골격로봇 등이 이미 인간의 수

명을 연장하고 있다. 필자는 '기술 발전이 가져온 이런 기기들이 과연 인간에게만, 환자들에게만 적용될 수 있을까?'라는 의문을 제기한다.

SF영화 속의 육백만 불의 사나이는 지금의 기술로도 가능할 것이고, 로보캅의 뇌를 컴퓨터에 업로드한 과학자가 세상을 지배하는 영화 이야기 등을 예로 들며 하고자 한 얘기가 무엇일까? 정확히 알 수는 없지만, 점점 더 기계 의존도가 높아지며 기계 자체가 되어가고 있는 현실에서 인간과 인간이 아닌 자의 구분이 모호해지고 있음을 논하고 있다고 생각하게 한다.

출산율 저하로 인구가 감소하고 몇십 년 후인지에 인구절벽으로 대한민국의 소멸을 논하는 사람들의 기우는 괜한 논쟁일까?

시몬느 드 보봐르는 『제2의 성』이라는 대표작에서 페미니스트 작가로서의 면모를 보였다면 『인간은 모두 죽는다』라는 책에서 실존주의 철학가로서 그녀의 세계관을 투영했다고 한다.

『인간은 모두 죽는다』의 주인공인 레몽 포스카는 불멸의 인간이다. 레진은 배우로서 자신만이 주목받고 사랑받아야 한다는 생각에서 우연히 만나게 된 불멸의 사나이 레몽으로부터 그가 죽지 않는다는 사실을 알게 된다. 레진은 자신에 대한 기억이 영원히 추억될 수 있어야 한다는 생각에 그로부터 사랑받아야 한다고 생각한다. 그의 사랑을 받는 데 성공한 레진은 영원히 살아온 그의 삶을 듣게 된다.

젊은 날의 치기 어린 욕망으로 불멸의 길을 선택한 레몽 포스카는 1279년부터 1940년대까지 살아왔다. 죽을 수가 없으므로 사실 산다고 하기보다 버티고 있다는 표현이 맞을 것이다. 자국의 왕이었던 레몽 포스카는 나라의 흥망성쇠를 주도하였으며, 숱한 전쟁에서의 승리, 정복, 평화, 세계대전까지 겪는다. 그는 사람들이 성공하고자 하는 욕망, 명성 등이 너무나 무의미하게 느껴진다. 그것을 위해 애쓰는 사람들, 자기 아들, 식민지에서 우연히 만난 사람들, 혁명을 꿈꾸는 손자를 도와 성공시키지만, 그들에게 공감하지 못한다.

영생을 꿈꿨으나 사랑하는 사람들이 모두 죽고 나니 지혜, 부, 권력 등이 모두 허무함을 깨달아 버린다. 레몽은 아내의 늙어감을, 자식이 죽어 감을 보며 삶이 무의미함을 느끼며 떠난다. 떠나버린 레몽을 향한 레진의 절규로 끝이 나는 소설은 죽음을 향해 나아감, 필멸이 있음에, 살아 있음의 가치를 발견하게 되는 것들을 역설적으로 제시한다. 오늘의 살아 있음에 감사함은 언젠가 다가올 죽음에 대한 기대감 때문일 것이다. 그게 기대감이든 두려움이든 상관이 없다. 끝을 향해 나아감이 있으니 그 끝에 다다르기 전 해야 할 무엇들이 소중하고 가치가 있음이다.

내가 만일 레몽 포스카처럼 불사의 생명을 받게 된다면? 그건 아닌 것 같다. 로또 뽑기처럼 그런 걸 뽑을 수 있다고 해도 난 절대로 그 복권은 사지 않을 것이다. 아무도 죽지 않으면 억울할까? 아니야 아니다. 그렇다 하더라도 난 죽을 수 있는 세상을 택하리라.

며칠 전 화원에서 사다 심은 화분의 조그만 나무가 맥없이 시들시들해져 아쉽다. 같은 마음으로 물을 주고 사랑을 주었건만 옮겨 심은 자리가 마음에 들지 않았는지 시름시름 앓기 시작한다. 잎이 죽어가고 가느다란 가지가 이삼일 만에 삭정이가 되어버리니 잘라줘야 하는 내 마음이 아프다. 조금이라도 볕이 좋은 곳으로 옮겨 놓아 보지만, 그 삶이 어떻게 될지 알 수 없어 안타깝다.

삶의 유한함이 가치 있다고 생각하긴 하지만, 코로나19 백신을 맞은 후 응급실로 실려 가시는 어머니를 보면서는 레몽 포스카처럼 불사의 생명이라도 받았으면 좋겠단 생각을 하고 만다. 아직은 세종병원 이사장이 말하는 인공장기의 도움을 받기는 이른 때인지 의사는 "연세가 있으시니"만 연발하며 이런저런 검사에 몸만 지치게 만들어 안타깝기만 하다. 아무도 죽지 않는 세상에 대한 두려움이 있긴 해도 오늘은 어머니를 위해서 그런 세상이 빨리 왔으면 좋겠다고 생각한다.

2021. 5. 19.

만사형통할 거다

'올봄엔 예서가 우리에게 큰 행복을 주었으니까 만사형통할 거다.'

어제 산후조리원에서 퇴원한 손녀와 아들 내외를 보고 온 후 카톡방에 올린 내 글이다. 며느리도 기분이 좋은지 그럴 것 같다며 좋아한다. 아직 20여 일밖에 안 된 예서는 순한 얼굴로 나를 야멸치게 할머니를 만들어 버렸다. 그렇다고 할머니 되길 거부하겠다는 것은 아니다. 간절히 바랐던 일일뿐더러 어렵사리 얻은 아이라 그 행복이 더욱 크다.

아들 내외가 결혼한 지 벌써 만 3년을 훌쩍 넘겼다. 아들 내외에게 찾아온 예서는 나름대로 어렵사리 만난 아이이다. 결혼 첫해와 두 번째 해에 찾아왔던 아이들은 채 10주가 되기 전에 제 부모 곁을 떠나고 말았다. 생각지도 못했던 두 번의 시련은 아이들을 긴장시킨 모양이다. 아직은 젊으니 걱정하지 말라고 위로의 말을 전하는 나조차도 사실 걱정이 되긴 마찬가지였다. 지난해 다시 아이를 가졌다며 흥분된 목소리로 전화를 걸어온 아들은 이번을 괜찮을 것 같다며 좋아했다. 당연히 괜찮을 거라며 나도 거들었다. 며느리가 직장을 그만두고 남편의 직장 근처인 포항으로 이사까지 갔으니 괜찮겠다 싶은 마음이 들긴 해도 나 또한 이번엔 실수하면 안 되겠기에 한약을 지어 먹이는 등 바짝 신경을 썼다. 자칫 습관 유산이 되어버리면 어쩌나 걱정이 되었기 때문이다. 임신 초기에 닥친 내 생일에도 여행 간다고 거짓말까지 해가며 원거리 여행을 자제시키기도 했다.

요즘 신세대들은 아이가 없어도 그만이라며 일부러 아이를 낳지 않기도 한다지만 내 생각은 다르다. 자식은 부모에게 기쁨과 책임감을 동시에 주며 삶의 활력소를 주는 존재라고 여기기에 결혼한 이들이 아이를 낳는 것은 당연한 일이라고 생각하고 있다. 젊은이들이 고루하다고 여길지 모르지만 그렇다 하더라도 내 생각엔 변함이 없다.

순탄하게 잘 지나가는가 싶던 11월 16일의 일이다. 아프리카의 에티오피아로 여행을 떠났던 나는 16일 저녁 귀국을 위해 15일 아디스아바바에서 비행기를 탔다. 그렇지 않아도 카톡도 잘 안 되고 인터넷도 차단된 터라 국내 소식이 깜깜한 상태였다. 17일 아침 인천공항에 도착해서 휴대폰을 켜자, 아들의 전화와 문자가 수없이 들어와 있었다. 무슨 일인가 싶어 전화를 걸었다. "엄마, 몰랐어?" "뭘?" "포항 지진 났어?" "응, 뭐? 정말?" 가슴이 방망이질 치기 시작했다. 이게 무슨 일인가? "그래서 다치진 않았어?" 다행히 다치진 않았고 임신 중인 며느리가 급히 내려오다 다리를 삐끗했다며 서울의 친정으로 올려보냈다고 했다. 조금 안심이 되긴 하였지만, 갑자기 이재민이 되어버린 아들의 안부보다 산모가 더 걱정이었다. 아들은 지금 친구 집에 가 있다는 얘기이다. 다치지 않았으면 되었다며 일단 안심하라며 집에 이상이 생긴 건 천재지변이니 어쩌겠느냐며 안심을 시킬 수밖에. 다행히 아들 내외가 사는 집은 크게 망가지지는 않았다니 다행이라고 해야 하나.

서울에 올라온 며느리는 급히 H대학 병원의 지인들을 동원하여 정밀검사를 받게 했다. 아무 이상이 없다고 하여 일단 안심이 되었다. 더는 포항에 살 수 없다는 아들 내외를 1월에 대구로 이사 보내고 며느리를 내려보냈다.

내려간 지 며칠 지나지 않아 아들이 다시 전해왔다. 조산 증세가 있어 와이프가 병원에 입원해야 한다는 것이다. 안전이 우선이니 얼른 입원시키라며 등을 떠밀었다. 병원의 과잉 진료 같다는 아들의 반응에 그렇더라도 안전이 우선이라며 입원시킬 것을 권했다. 우선 내가 가까이서 돌봐줄 수도 없고 아들은 포항으로 출퇴근해야 하는 형편이라 응급 시 대처 방법이 없으니, 안전이 우선이란 생각이 들었기 때문이다. 그렇게 산모는 두 달여 동안 병원에 입원해 있었다. 거기다가 아이가 역으로 앉아 있어 불가피하게 제왕절개 수술해야 했다.

병원에서 제시하는 스케줄에 따라 3월 5일 14시에 수술을 잡아 놓았다. 할머니가 되기 위한 마음의 준비를 단단히 하고 12시쯤 대구에 도착할 예정으로 기차를 탔다. 거의 도착할 무렵 아들이 다시 전화가 왔다. 얘는 왜 이리 마마보이처럼 자꾸 전화질인가 싶어질 무렵, 수화기 너머에서는 갑자기 수술 시간이 12시로 시간이 바뀌었다고 한다. 무슨 일 있냐는 물음에 그냥 병원 스케줄이 변경되어서 그렇다는 것이다. 참 내, 그냥 넘어가는 것이 없다 싶어 헛웃음이 절로 나왔다.

그렇게 예서는 갖은 우여곡절을 겪으며 2018년 3월 5일 12시 45분 우리 곁으로 왔다. 의사의 말이다. 아이는 3.34킬로의 건강한 여아로 왜 거꾸로 있었는지 모르게 건강한 상태란다. 간호사 선생님의 팔에 안겨 우리 앞에 모습을 드러낸 한 예서, 그 아이는 그렇게 나를 빼박(?) 할머니로 만들어 버리고 말았다. 매우 기분 좋은 역할을 떠안은 셈이다. 할머니가 되면 어떤가? 건강한 우리 아이들의 아이가 세상 구경을 했다는데, 그것이면 족하다.

제 아비처럼 태어나자마자 어미가 10년 이상을 병치레하는 바람에 제대로 키워주지도 못했던 아픔을 반복하지 않게 하려면 어미가 건강해야 하니 며느리의 건강이 무척 염려된다. 아들은 다시 포항으로 이사 가야 한다고 한다. 출퇴근도 힘들고 원거리에 사는 아이와 아내도 걱정되는 모양이다. 특히 회사 측에서도 장거리 출퇴근을 싫어하는 눈치라니 다시 갈 수밖에 없다고 한다. 왜 그리 참을성 없이 구냐며 나무라긴 하였지만 틀린 말은 아니다. 얼른 전셋집을 내놓아 보라고 했더니 내놓자마자 몇 시간도 지나지 않아서 계약되어 버렸다.

　무언가 느낌이 좋다. 아무래도 내 손녀딸 예서가 좋은 기운을 안고 태어난 모양이다. 아직은 제 어미도 건강하고, 아비가 하고자 하는 일도 시작하자마자 술술 풀리는 것 같다.

　이 화창한 봄, 좋은 기운을 안고 태어난 예서 덕에 우리 집안은 만사형통일 것 같다. 우리를 만나기 위해 그리 애를 먹여서 미안한 모양인가? 예서야 그 정도쯤이야 문제없단다. 너만 건강하게 쑥쑥 커 주면 그것으로 우린 만사 오케이란다.

　사랑해! 예서야!

2018. 3. 24.

상상은 자유다

　상상은 자유다. 상상으로야 무엇인들 못 하겠는가?
　전 세계인들은 아마도 우리나라가 금방 전쟁의 도가니 속으로 빠져들고 말 것이라고 예상할 거다. 정작 당사자인 우리는 너무도 태연자약하게 살아가고 있는데 말이다. 정말 이래도 되는 건지 모르겠다. 북한이 핵실험에 이어 16번째 미사일을 쏘았는데도 우리는 아무런 공포감도 없는 듯이 "또 쐈어" 하고 마는 것이다. 그 민감하다던 증권시장마저 오후가 되니 회복해 버리고 심지어 오르기까지 하니 이런 불감증은 뭘 믿고 생기는 자신감인지, 무력감인지 알 수 없다. 하긴 나조차도 비상식량을 준비할 생각조차 안 하고 있으니 남 말할 일이 아닌 듯하다.
　베르나르베르베르는 소설 『개미』를 쓰면서 12년 동안 120번의 개작을 통해 완성하였다고 한다. 글이란 모름지기 이 정도의 정성은 있어야 완성도가 높아지는 거라면 내가 쓰는 글의 완성도는 따져볼 것도 없겠구나 싶다.

그런 그가 천재적 상상력을 동원하여 2013년에 『제3 인류』라는 소설을 발표했다. 소설가 특유의 상상력은 인류가 어리석은 선택으로 자멸을 향해 나아가는 어느 시점에 기상천외한 시도로 그 위기를 뛰어넘으려는 과학자들을 끌어들인다. 인류의 멸망을 막을 수 없다면 누군가 이 지구상에서 다시 시작할 수 있게 만드는 것이 그들의 열망이다. 인간은 자신을 구원할 수 있을까? 인간의 힘으로 새로운 인류를 만들 수 있을까?라는 의문에서 출발한 소설은 판타지적 요소와 우화적 수법을 더하여 빚어내는 놀라운 이야기로 인류의 성장사를 바라보는 새로운 눈을 열어준다.3)

소설의 내용은 현재 지구상에 존재하는 우리 인류가 유일한 인류가 아니고, 우리 인류가 나오기 이전에 지구상에는 우리보다 훨씬 큰 거의 10배 정도 되는 거인족들이 존재하였음을 말한다. 8,000년 전 지구상에서 일어난 어떤 사건으로 거인들은 모두 사라졌고 그때 거인들에 의해 만들어졌던 소인들(170센티)이 살아남아 지금의 지구의 현생 인류가 되었다는 것이다.

소설은 현생 인류의 실수로 인해 지구가 소멸하게 될 것을 우려하여 우리 인류보다 더 작은 소인족들이 출현하게 될 것이라는 공상에서 비롯된다. 인류의 절멸을 가져올 핵 공포에서 인류를 구해내기 위한 과학 프로젝트를 시작하는 프랑스 정부에 주

---

3) 『제3 인류』 소개 글에서

인공인 다비즈 웰즈와 오로르 카메로가 조인하면서 사이즈가 작으면서 면역체계가 훨씬 강한 소인족을 만들어 낸다. 그들의 키는 현생 인류의 10분의 1인 17센티이다. 에마슈라고 부르는 이들은 난생 인류로 1,000명을 만들어 마이크로 랜드라는 울타리 안에서 현생 인류의 기술과 삶을 배운다. 그들을 만들어 낸 여섯 명의 과학자는 그들에게 각 분야의 신이 된다. 마치 그리스·로마 신화의 신들처럼. 지구인들은 이들을 이용하여 3차 대전의 실마리가 될 공산이 큰 이란의 800여 개 핵 시설을 파괴한다. 여기에 더하여 제2권의 끝에서는 후쿠시마 원전의 재가동 중 또다시 폭발 직전 상황에 이른다. 이에 일본은 프랑스의 제3 인류 에마슈 24인을 빌려, 에마슈의 작은 몸집과 강한 면역체계를 이용하여 폭발 직전의 원자로에 에마슈를 침투시켜 폭발을 저지한다.

  소설 속 에마슈들이 원전 폭발 사고 저지를 위한 프로젝트가 마치 실제인 것처럼 긴장감이 가슴을 압박해 왔다. 며칠 전 일본은 후쿠시마 원전의 재가동을 승인했다는 기사를 떠올렸기 때문인지도 모르겠다.

  가슴이 답답해 옴은 그뿐만이 아니다. 9월 15일 북한은 UN의 추가 대북 제재를 비웃기라도 하듯 홋카이도 방향으로 3,700킬로를 날아간 미사일을 쏘았다. 방향을 바꾸면 미군기지인 괌을 넘어선 거리라 하니 일본도, 미국도 모골이 송연하지 않았을까 싶다. 올해 16번째, 문 정부 들어서 벌써 10번째 미사일이다. 14일 정부가 대북 지원 800만 달러 지원 카드를 꺼낸 지 하루만의 일이다. 무슨 마음으로 그런 카드를 꺼내 들었는지. 이런 상황에서 과연 설득력이 있는 행동인지 곰곰이 생각해 보아야 할 사안이다. 미국 국무부의 그레이스 최 동아태 담당 대변인도 14일(현지 시간) 미국의 소리 방송과 인터뷰에서 한국 정부의 대북 인도적 지원계획에 대한 평가를 요청하자 "그런 것은 한국에 물어보라"라며 불편한 심기를 드러냈다고 한다.4) 이 문제에 대한 미국 측의 생각도 답답하긴 우리 국민과 마찬가지인 모양이다. 지원된 물자가 문 정부의 바람대로 제대로 수혜 대상자들에게 전달될지도 의문이거니와 혹시 시장으로 팔려나가 핵무기나 미사일을 만드는 데 쓰지 말라는 보장이 없는 것은 아닌지 의심이 든다. 우리나라의 존재는 안중에도 없는 김정은이 그렇게 세세하게 지원물자의 용처를 일일이 따져서 사용할지 더욱 의심스러운 건 나만의 기우일까?

　나는 오늘 베르나르베르베르의 상상을 빌리고 싶다. 이 답답함을 제거할 묘안으로 소설 속 프랑스 대통령에게 전화하고 싶다. 제3 인류의 17센티미터의 초소형 인간 에마슈를 빌려 풍계리의 핵 시설을 뭉개버리고 말리라. 북한 곳곳에 퍼져 있는 미사일 기지를 소설 속에서 에마슈가 이란 핵 시설을 파괴해 버린 것처럼 파괴해 버린다면 얼마나 속이 시원할까. 그리고 이제 좀 조용히 살고 싶다. 세계는 우리나라가 전쟁의 공포 속에 갇혀 있는 것처럼 보고 있는데 우리는 지금 무얼 하고 있는가? 도대체 이 사태

---

4) 매일경제 9월 16일 자

를 해결할 의지가 있는지 묻고 싶다. 우리 국민의 안전을 책임져야 할 그분에게.

　가을 초입, 파란 하늘에 뭉게구름이 듬성듬성 흘러간다. 소설 속의 인류인 에마슈가 구름을 타고 북한으로 간다. 그리고 풍계리 핵 시설의 작은 구멍을 통해 들어간다. 에마슈가 폭약을 설치하고 나온다. 얼마 전 핵실험 때처럼 사방으로 진동이 퍼지고 핵 시설은 파괴되었다.

　상상만으로도 가슴이 벅차고 시원하다. 상상은 자유니까.

『PEN문학』 2017. 11·12월호

프로이트의 편지

 "프로이트는 만약 부모의 말대로 의사가 아이를 '고치면' 부모의 기대와는 전혀 다른 일이 일어난다고 경고하는데, 아이가 자신의 길을 더욱 강건히 고집한다."라는 것이다.[5]

 지인에게서 선물 받은 책의 내용 중 일부이다. 사회복지정책을 공부하면서 조금씩 보았던 정신분석학, 특히 프로이트는 그중 대표적인 학자였다. 책 속의 등장하는 여러 학자에 대해서도 그저 수박 겉핥기처럼 조금씩 보았던 내용이라 반가운 마음으로 읽어 보았다. 특히 프로이트가 지인들에게 보낸 편지 내용들을 소개한 부분에서는 대학자의 인간적인 면모를 볼 수 있어서 더욱 감동적이었던 것 같다.

 어버이날을 맞아 아들 내외가 포항에서 올라왔다. 육칠 일간의 긴 연휴를 자기들끼리 해외여행이라도 갈 줄 알았는데 어버이날

---

[5] 프로이트의 편지(저자: 김서영, 출판사: 아카넷)

이라고 부모를 찾아온다고 하니 부모 된 처지로 나도 어쩔 수 없이 아들 내외를 맞이할 수밖에. 기나긴 연휴를 꼼짝없이 잡혀 있게 되었지만 혼자 기분 좋은 투정을 부려본다. 여느 때 같았으면 아들이 오건 말건 알아서 놀라 하고 내 나름의 연휴를 스케줄로 가득 채워 놓았겠지만, 며느리를 본 처지이니 나도 어른 노릇을 해야 할 게 아닌가 싶어 내린 결정이다.

시간이 모자라 미뤄 두었던 『프로이트의 편지』 읽기를 휴일 동안 끝냈다. 그 책을 본 아들에게 비교적 쉽게 쓰인 것 같으니 읽어보라고 권했다. 아들은 자신이 준 책 『중용』이 아직도 그 옆자리에 있는 것을 보고 어미가 아직도 그 책을 다 읽지 않았음을 감지한 것 같다. 괜스레 아들의 얼굴을 보게 된다. 아직 읽기를 끝내지 못한 게 조금 미안해지기까지 하다.

동양철학에 부쩍 관심이 커진 아들이 요즘 중용이니, 주역이니 명상이니 하면서 카톡으로, 전화로 나에게 알리기 바쁘다. 새로운 지식을 쌓아가는 아들이 대견하기도 하고 내가 모를 것 같은 내용을 알려주려고 하는 아들에게 고맙기도 하다. 때로는 아들에게 용기와 열정을 더해주기 위해 모른 척해주기도 한다. 사실 살아오는 동안 겪었던 일들로 미루어 짐작할 따름이지 본격적으로 동양철학을 공부한 것은 아니니 몇 권의 책을 보았다고 해서 아들의 대화에 전적으로 아는 척할 수도 없다. 그러니 약간의 공감과 호응으로 아들에게 응대하는 정도이다. 다만 철학적 사고란 편향적이어서는 안 되니 서양철학도 동시에 봐둘 것을 권해 본다.

아들이 『프로이트의 편지』를 무작위로 폈을 때 첫 번째로 눈에 들어온 내용이 이글의 서두이다. 아들은 이 내용을 말하며 성장기 자신과 나의 역학관계를 떠올린 모양이다. 어떻게 펴자마자 이 문장이 눈에 들어오느냐며 이야기가 이어진다. 아들이 성장통을 겪을 무렵 그 애가 주장했던 내용이 고스란히 거기에 들어 있었기 때문이다. 그래서 네 의견을 들어 엄마가 포기하지 않았느냐며 반박하자 "맞아, 엄마는 포기한 거지 밀어준 건 아니다" 하며 반박한다. 어쨌든 네 뜻대로 할 수 있게 해줬다며 나의 반박이 이어진다. 어쨌든 지금은 너도나도 서로 합일점을 찾아 잘 되었으니 그만하자며 손사래를 쳤다. 이제는 아들도 어른이 되었는지 더 소모적인 지난 얘기에 에너지를 낭비하지 말자며 웃고 만다.

대선이 코앞인 TV는 선거 이슈에 들떠 있다. 아들과 내가 서로 지지하는 후보가 다른 탓에 한동안 카톡으로 아들이 지지하는 후보를 내게 각인시키려는 부단한 노력이 이어졌다. 마침 아들이 지지하는 후보가 경선에서 탈락하는 바람에 한동안 잠잠했던 터이다. 사실 나는 정치 얘기를 삼가려고 하는 편이다. 그렇다고 정치에 전혀 관심이 없거나 아예 문외한은 아니지만, 얘기가 길어지다 보면 어쩐지 소모적인 느낌이 앞서기 때문이다. 그런데 아들과의 대화에서는 피할 수가 없었다. 아들의 생각이 어떻게 변해가고 있는지 궁금하기도 하고 엄마를 설득하려고 이곳저곳에서 정보를 수집하여 취합하고 글과 말을 만들어 긴 문장의 카톡을 열심히 보내는 아들을 실망하게 하고 싶지 않아서이다.

두어 달 동안 길고 긴 투쟁의 장이 펼쳐졌다. 어떨 때는 더러 짜증을 내기도 하였지만, 마음도, 생각도 커가는 아들이 일견 대견하기도 하였다. 오늘 다시 아들은 그 속으로 나를 끌어들였다. 두 시간 가까이 긴 대화가 이어졌다. 대화라기보다 나를 설득하기 위한 그 아이만의 집요한 주장이 이어진 셈이다. 시간이 지날수록 이런 토론도 젊을 때 해야 한다는 생각이 깊어진다. 내 에너지가 고갈되어 가고 있음을 느끼며 목소리에 짜증이 배어나고 있었다. 아빠와 삼촌은 골통 보수라 대화가 안 되니 이젠 포기했다며 왜 진보이어야 하는지에 대한 장황한 설명이 다시 이어진다. 엄마는 그래도 변화할 수 있는 약간은 유연한 사고 가졌기 때문이라는 칭찬인지 흉인지 모를 이야기까지 덧붙인다. 그 이야기를 하려고 독일, 유럽 등 선진국의 노동, 복지정책 등 다양한 사례들을 열거하는 것을 보니 조금 공부를 하긴 한 모양이다. 더 이상 에너지 방출을 방관할 수 없는 지경에 이르렀을 때 말했다. 프로이트의 말은 부모가 자식에게만 해당하는 것이 아니고 자식이 부모에게도, 또 다른 누구에게도 마찬가지라고.

아들은 그제야 웃으며 말한다. 그래도 엄마와 나는 이런 대화의 끝에 서로 각자 생각하며 변해가고 있음을 느낀다고. 그건 사실인 것 같다. 아들도 청소년 시절부터 엄청난 항거를 하며 내 얘기를 반박하였지만 혼자서 곰곰이 생각하다 보면 맞는 말이었음을 실감하는 경우가 많았음을 인정할 수밖에 없었다고 고백하기도 하였다. 나도 마찬가지였고. 내 주장이 아들에게 어필되어 아들이 변화하는 모습을 보며 즐거웠던 것처럼 아들도 제 주장을 받아들이는 엄마를 보며 희열을 느끼는 것이리라. 어쨌든 우리는 열린 대화를 하는 모자 관계를 이어가기 위해 조금씩 상대방의 상황을 이해하려고 노력하며 살아가고 있음은 확신할 수 있다.

"나에게도 네 생각을 억지로 강요하지 말아 주세요. 아들!"

우리는 서로 객쩍은 웃음으로 오늘의 끝장토론을 마무리했다.

2017. 5. 6.

그해 여름

창문을 여니 선선한 가을바람이 얼굴에 부딪힌다. 이제는 완연한 가을인가 보다. 오늘이 벌써 추석이니 가을이 온 것은 당연한 일이다.

지난여름 더위가 유난했던 탓에 가을이 온 것을 자꾸만 의심하게 한다. 조석으로는 한기마저 느끼게 하지만 낮이면 여름 날씨처럼 되어버리기 일쑤이니 가을이 오긴 오는 것인가 하고 의심이 들어버리는 것이다.

20년 만의 무더위가 37~8도를 오르내리니 모두가 덥다고 아우성을 쳤다. 더위에 견디다 못해 멈출 줄 모르고 에어컨을 사용한 탓에 전기요금 폭탄이 떨어진다고 전 국민이 아우성치다 보니 관계기관은 물론이고 장관과 정치권까지 나서서 아우성이다. 선거철이 코앞이니 국민 눈치 보기에 급급한 정치권이 괜한 참견 같기도 하고, 그런 정치권을 들었다 놨다 하는 국민의 얄팍한 행태가 어이없기도 하다. 우리나라가 전기요금 저렴하기로는 세계에서 몇 번째 안에 든다는데 그것은 염두에 두고 하는 얘긴지 모르겠다.

그 덥다던 20여 년 전의 일이다. 그때는 지금처럼 집마다 에어컨이 있는 시절도 아니다. 비싼 전기요금 걱정은 고사하고 에어컨 살 돈도 넉넉지 않았던 때이니 서민들은 고작해야 선풍기를 하나 더 사는 인심을 쓰는 게 고작인 상황이었다. 3개월 동안의 병상 생활을 끝내고 몸을 일으켜야 하는 긴 섭생의 시간을 보내고 있었던 나에게 94년도의 더위는 올해의 그 더위보다 훨씬 더 가혹했다. 그만큼 더위를 이겨낼 체력이 준비되지 않았던 탓이다. 망우동의 어머니 댁, 오래된 2층 양옥은 서향집이었다. 오후가 되면 뜨거운 햇볕이 온 집 안에 가득 들이쳐 뜨거운 열기가 마치 군불을 땐 듯했다. 일주일이면 삼사일은 밥을 잘 먹지 못하는 그런 날 나는 그곳에서 살았다.

그 뜨거운 여름, 햇볕이 온 집 안을 뜨겁게 달구는데 어머니는 나를 위해 매주 보양식을 해 주셨다. 재료는 낚시광인 C 부장이 주말마다 소양강에서 잡아 올린 잉어와 붕어이다. 퇴원 후 출근은 하였지만 매일 중환자처럼 비실대는 나를 위해 C 부장이 잡아 올린 잉어와 붕어는 전부 내 차지가 되었다. 아마도 그해 여름 C 부장 댁 식구들은 낚시에 물린 어류들을 보지 못했을 거다. 어머니는 그 잉어와 붕어를 8시간 이상 고았다. 갈 때마다 월척을 잡았다며 승리감에 도취 되어 가져다주는 물고기는 커다란 찜통이 차고 넘쳤다. 그 커다란 찜통 안의 물고기가 한 대접이 될 만큼 끓여댔으니 그 시간은 말로 설명이 필요 없다. 그 더위에 땀을 뻘뻘 흘리며 고아내어 보양식이 된 한 사발 정도의 물고기는 뼈도 다 녹아 그냥 훌훌 마시기만 하면 되었다. 그 상태가 되기까지 흘렸을 어머니의 땀방울도 함께 마시며 나의 건강은 회복되어 갔다.

친딸도 아닌 나에게 주신 어머니의 땀방울이 오늘의 나를 있게 하였음은 두말할 것도 없다. 그러나 그 맛은 말로는 절대로 표현할 수 없는 쓴맛이 담뿍 밴 비릿한 냄새가 났다. 속이 불편해지면 밥 냄새만 맡아도 구역질은 해대던 내가 그것을 먹는 데는 적잖은 용기와 인내가 필요했다. 아마도 그때 내 손길이 절실한 내 아이에 대한 책임감과 사랑이 없었다면 그 보양식을 마실 수 없었을지도 모른다.

올해 여름의 더위는 어머니를 많이 지치게 했다. 3년 전의 대수술과 이런저런 성인병 합병증이 겹쳐 수술하기도 두렵고 안 하자니 지금의 고통이 어머니를 힘들게 한다. 어머니는 이렇게 사느니 차라리 수술하다 죽는 게 더 났겠다고 하신다. 그때의 나처럼 입맛이 하나도 없다며 식사를 제대로 못 하시니 나날이 몸은 야위어 가신다.

가을이 되어 추석이 되고 선선함이 찾아들긴 하였지만, 아직도 여전히 늦더위가 기승을 부린다. 추석 명절을 하지 말자는 식구들의 의견은 아랑곳없이 가신 지 몇 년밖에 안 된 아버지 기제사를 죽을 때까지는 해야 한다는 어머니 앞에 어찌할 바를 모르겠다. 걱정하지 마시라며 잘 못 하더라도 제가 차린다는 내 말은 미덥지도 못하고 성에 안 차시니 미리미리 준비하신 제사 음식은 어느새 끝나 있었다. 왜 미리 하셨냐며 걱정하는 우리에게 하나도 안 힘들다고 하신다. 하지만 어머니 얼굴엔, 힘듦과 고단함의 흔적이 역력히 드러나 있다.

곧 쓰러지실 것 같은 모습의 어머니를 보며, 94년 여름의 내 모습을 본다. 나는 지금 어머니의 보살핌 덕에 비교적 건강한 모습이 되어 열심히 살아가고 있다.

이제 내가 어머니의 건강을 보살펴 드려야 할 차례인데 생각처럼 쉽지 않다. 바쁘다는 핑계로, 잘 못 한다는 핑계 아닌 핑계로 나의 소홀함은 여전히 계속되고 있다.

그해 여름 망우동의 이층집, 그 무더웠던 여름날 나를 지켜주었던 어머니를 위해 내가 할 수 있는 일이 그리 많지 않다는 현실이 슬프고 아쉽기만 하다.

매년 추석이 되면 햅쌀로 하얀 쌀밥을 지으시고 밥 한 공기 수북이 떠 주시며 맛있게 먹으라며 땀방울이 맺힌 얼굴로 환하게 웃으시던 어머니 모습이 그립다.

어서어서 건강해지셔서 그해 여름 그 고마움을 오래오래 갚을 길이 있었으면 좋겠다.

2016. 9. 15.

손 편지

말없이 건네주고 달아난 차가운 손
가슴속 울려주는 눈물 젖은 편지
하이얀 종이 위에 곱게 써 내려간
너의 진실 알아내곤 난 그만 울어 버렸네. (중략)

70년대 가수 어니언스의 노래, 편지의 노랫말이다.

컴퓨터가 생활화되기 전, 손편지는 우리에게 유일하게 자신의 마음을 수줍게, 또는 과감하게 표현할 수 있는 수단이었던 것 같다.

노랫말처럼 떠나버린 이의 사랑을 알게 하기도 하고, 말로는 할 수 없는 사랑의 표현을 대신하기도 한다. 사랑하는 이에게 자신의 마음을 전하는 유일한 수단이었던 손 편지는 컴퓨터와 통신수단의 발달로 이메일로, SNS로 대체되면서 오늘날에는 그 흔적이 사라져가고 있는 듯하다.

지난여름, 20년 만의 폭염을 책상 위에서 보낸 나는 나의 첫 수필집 『나 할리 타는 여자야』를 출간했다. 식구들과 함께 이를 기념하고 나의 60회 생일을 축하한다며 조촐한 식사 자리를 마련했다. 조카들과 조카들의 자녀들로 구성된 식구들을 위해 퓨전 뷔페로 마련되었다. 일상생활에 바빠 얼굴조차 잊혀가는 조카들과 사촌 형제들, 그들의 자녀들인 육촌 형제 아이들이 서로 얼굴도 익히고 돈독한 정을 쌓기 위함도 곁들였으니, 오랜만에 유쾌하고 소담스러운 대화가 오가는 자리가 되었다.

식사가 끝나고 조카의 딸, 그러니까 에누리 없이 나를 할머니라고 불러 버리는 윤경이가 손 편지와 함께 시원하게 감물 먹인 여름 이불을 '윤경이네 가족 드림'이라며 쓴 편지에 가족의 그림까지 덧붙여 주었다. 아빠는 엄마를 바라보고 언니는 편지를 쓴 윤경이를 바라보는 모양으로 그려진 가족화는 행복한 한 가정의 모습을 가감 없이 보여주는 모양새이다. 그 그림 하나로 조카의 삶에 행복함이 가득하다는 생각이 들게 하였다. 초등학교 2학년짜리의 손 편지의 위력은 가족 간 서로의 바라봄을 표현하며 한 가족의 행복의 척도까지 가늠하는 역할을 하고 있었다. 어린아이가 쓴 진심 어린 손 편지 한 장이 그날 나의 생일에 모든 사람에게 주는 행복한 가족의 모습을 전하는 메시지 역할을 톡톡히 하고 있었던 셈이다.

주말 오후 느슨하게 TV나 보자며 소파에 길게 누워 즐기고 있는데 초인종이 울린다. 물건을 산 것도 없는데 택배가 왔단다.

조그만 우체국 택배 상자 안에는 하얀 편지봉투 하나가 놓여 있었다. 어디서 뇌물 받을 일도 없는데 웬 봉투인가 싶어 열어본 봉투 안에는 두 장의 손 편지가 들어 있었다. 마치 60년대 펜글씨처럼 유려한 글씨체로 또박또박 쓰인 편지는 고교 선배님의 편지였다. 나에게는 13년 선배이시니 74-5세쯤 되신 분이시다. 내가 보내드린 책을 읽고 그 감회와 함께 더없는 칭찬까지 곁들여 손 편지를 보내 주셨다. 더불어 책을 얼마나 꼼꼼히 읽으셨는지 수차례의 교정에도 발견할 수 없었던 오타나 잘못된 문장까지 꼼꼼히 적어 보내 주셨다.

그분은 나보다 더 많은 고생을 하신 모양으로 삼미빵집 같은 곳은 꿈도 꾸지 못하셨단다. 왜 아니 그랬겠는가? 상황상 60년대 초에 학교를 다녔으니 육이오전쟁 직후이니 훨씬 더 열악한 환경이었을 것은 당연한 일일 것이다.

새벽에 일어나 왼쪽 팔이 너무 아파서 주먹을 쥐고 쓰신 편지를 우체국에 가서 부치려니 편지로 부치면 월요일에 가고, 소포로 부치면 토요일에 간다기에, 새벽에 쓴 게 너무 억울해 달랑 편지 한 통 넣고 소포로 부치셨다고 하신다. 그 진한 감동의 과정을 고스란히 전하는 손 편지는 그렇게 나에게 선물이 되어 전해졌다. 우선 문자로 감사의 말씀을 전했다. 그리고 나도 반드시 손 편지로 답신을 써야겠다고 다짐했다.

최근에는 이메일이나 SNS로 모든 게 이루어지는 상황이니 손 편지 받아보기가 마치 오래된 옛 연인의 사진을 받는 것만큼 어렵게 되었다.

예전처럼 연인에게 사랑을 전하는 말도, 스승이나 선배님이 보내주는 주옥같은 인생의 지침서도, 친구가 보내주는 다정한 말도 손 편지로 전해지던 그날이 그립다.

아마 스무 살 때인 것 같다. 사회 초년생이었던 나는 느닷없이 사회 선배들로부터 받은 어떻게 해볼 수 없는 상처를 입은 적이 있었다. 친구와 찾은 바닷가에서 둘이 부둥켜안고 펑펑 울다 들어왔다. 누군가에게 그 말을 하고 싶었다. 12시가 지나서 시작해서 새벽이 다 되어서야 끝났다. 그 편지는 무려 20여 장 가까이 쓰였다.

다음 날 친구에게 보냈다. 그냥 누군가에게 그날의 심경을 써 내려간 그 편지를 보내고 싶었다. 항거할 수 없는 사회에 대한 심경을 누군가에게 꼭 말하고 싶었기 때문이다. 내 손에서 떠나 버린 후에야 알았다. 그 편지를 받을 상대를 잘 못 골랐음을. 그러나 어쩔 수 없었다. 이미 기차는 떠나 버렸으니. 놀란 그 친구는 무슨 일이냐며 전화가 왔다. 사관생도인 그 친구가 전화 거는 것이 얼마나 어려운지 지금 아이들은 상상조차 할 수 없을 것이다. 사실대로 말했다. 누군가에게 그런 말들을 쓰고 싶었는데 멀리 있는 사람이 너일 뿐이었다며 미안하다고 했더니, 아니라며 오히려 고맙단다. 그렇게 스무 장짜리 편지는 버려지지 않고 살아남았다.

나의 글쓰기의 시작이 지인에게 보낸 편지에서 비롯되었듯이 선배님의 정성과 땀이 밴 손 편지가 오늘 나의 지난날을 돌아보게 하고 가슴 따뜻한 감흥을 되살아나게 한다. 나는 다시 편지를 쓴다.

'사랑하고 존경하는 선배님께'

2016. 9. 25.

봄비

봄비가 내린다. 겨우내 마른 땅 위로 부슬부슬 안개비가 내린다. 비에 젖은 흙내음이 코끝을 간질인다. 안개비에 감춰진 산등성이에도 봄을 재촉하는 비가 내리면 메말랐던 산등성이가 방긋방긋 일어나 웃는 얼굴로 다가오는 듯하다.

예년보다 일찍 찾아온 따스한 봄날, 따스한 공기에 가슴을 열던 벚꽃이 화들짝 놀라 몸을 움츠리면서도 슬몃슬몃 웃으며 안개비를 즐긴다. 이 비가 지나면 제 꽃을 활짝 피울 생각에 물내음을 온몸으로 빨아들이며 회심의 미소를 짓는다. 이런 날을 손꼽아 기다리던 벚나무도, 아카시아도, 활짝 피운 노란 개나리를 잔뜩 안은 개운산 길 오솔길도 오늘은 촉촉함으로 치장하기를 마다하지 않는다. 비 오는 오늘이 있어야 물오른 싱싱한 꽃을 피울 수 있음을 알아서이다.

안개비가 내려앉은 산마루엔 아련함을, 어렴풋이 고개를 내민

아파트 단지의 끝자락 콘크리트 지붕마저 안개비는 그림처럼 보이게 하는 마술을 부린다.

겨우 내 마른 잎으로 덮여 있던 산책로 오솔길에도 안개비가 내리면 바스락거리던 낙엽이 발밑에서 포근포근 발끝을 감싸주는 고급스러운 융단이 되니 그 또한 정겹다.

봄비가 부슬부슬 내리는 날에도 아랑곳하지 않고 우비도 없이 호미를 들고 밭으로 가셨던 엄마, 그 모습이 선연히 떠오름은 그 분의 사랑하는 마음을 이제야 깨달아서일 거다.

봄비가 내리는 날엔, 안개비가 내리는 날엔 우산도 없이 한없이 한없이 걷고 싶다.

더러 차가운 빗물이 얼굴로 흘러내리더라도 닦지 않고 내버려 두고 싶다. 안개비에 촉촉해지는 피부의 감촉을 느끼며 마냥 걷고 싶은 봄날엔 그저 봄비가 내리는 그대로가 좋아서이다. 엄마의 얼굴에 속절없이 흘러내리던 차가운 빗물이 생각나서이다.

2021. 3. 28.

눈 오는 날

 눈 오는 날의 풍경에 대한 감상은 그저 아름다움이다. 하얀 눈이 소복이 쌓인 초가지붕, 눈 위를 미친 듯이 뛰어다니는 검정개가 있는 풍경, 우리네 동화에서 볼 수 있었던 흔한 풍경이다.
 예상 적설량은 10일까지 제주도·울릉도·독도 5~20㎝, 전라 서해안·충남 서해안·서해5도 1~5㎝, 전라권(서해안 제외) 1㎝ 내외다. 기상청의 전하는 눈 예보이다. 서울에도 갑자기 내린 폭설로 출퇴근 시민들이 교통대란으로 어려움을 겪었다. 이런 메마른 표현 따윈 잊어버리자. 오랜만에 통화한 언니는 눈이 너무 많아 쌓여서 밖을 나갈 수가 없을 정도이고, 지금도 여전히 눈이 그야말로 펑펑 쏟아진다고 한다. 어차피 코로나 때문에 밖을 나다니지 못한 지 꽤 되었는데, 눈이라도 펑펑 쏟아지니 창밖 풍경에 넋을 놓고 있다며 묘하게 기분이 좋아진다고 한다.
 코로나19로 발이 묶인 고향 선배인 지인은 제주에 내려갈 엄두도 못 내고 있다며 전화가 왔다. 제주에 엄청 눈이 많이 온다는 말에 지인은 어느새 수십 년 전으로 돌아가 버린다. 늙수그레한 노신사란 표현은 아직 이른가? 70이 목전에 있어 노신사가 맞을 거다. 그는 대뜸 옛날에 제주에 눈 많이 왔던 거 기억나냐고 묻는다. 갑자기 내 기억의 방향 추는 언제인지도 알지 못하는 아련한 기억 속으로 달음박질친다.

그럼요, 눈이 너무 많이 와서 옆집 아저씨가 장가가는 날 신부를 태운 가마가 고으니므를(동산을 지칭하는 지명, 제주식 표현) 동산에서 미끄러져 올라 오지 못해서 야단이 났다는 영화와 같은 이야기도 기억난다며 호들갑을 떨었다. 지인은 멀쩡한 대나무 바구니를 뜯어 부엌용 방석에 못으로 박고 드른둘 동산에서 썰매 탔다가 엄마한테 걸려 혼났다는 얘기를 덧붙인다. 나도 지지 않았다. 선배는 그랬군요. 저는 대나무 바구니 뜯을 생각은 못 하고 동네 입구 우리 밭 옆에 있는 응구릉 동산에서 엉덩이를 대고 줄기차게 미끄럼을 탔다며 응수했다. 옷은 젖을 대로 젖어버리고 엉덩이에 구멍까지 나는 바람에 혼이 날까 무서워 밖에서 벌벌 떨다가 깜깜한 밤이 되어서야 집으로 들어갔다. 그 모습을 보신 엄마는 어이가 없으신지 다음 날 학교엔 무얼 입고 갈 거냐며 바지를 꿰맨 후 아궁이에서 늦은 밤까지 말리느라 밤이 이슥해서야 주무셔야 했던 기억을 더듬으니 그만 눈시울이 붉어지고 만다.

이제는 있을 수 없는 우리만의 추억이다. 요즘 아이들에게 이런 이야기를 한다면 믿기나 할까? 아마도 소설 쓰냐고 할 거라며 낄낄거리는 두 사람이 철없는 웃음소리가 전파를 타고 멀리 멀리 퍼져 나간다.

 눈 쌓인 마당에 바구니를 엎어 놓고 노란 좁쌀 모이를 놓아두면 추운 날 먹이에 굶주린 여리고 철없는 어린 새가 애송이 새잡이인 나에게 잡혔던 날이 그립다.

2021. 1. 9.

이 아픈 사랑
- 실레 이야기길

　작가 김유정은 1930년대 농촌사회의 구조적 모순과 농민들의 애환을 질박한 토속어로 그려낸 작가이다. 그 시대 가난한 하층민들의 삶을 그린 김유정 문학의 산실, 실레 이야기길 속으로 들어가 본다. 작품 속의 삶과 사랑 그리고 주인공들을 따라간 이야기 길엔 이름 모를 풀벌레와 꽃들, 봄봄, 동백꽃 속의 점순이가 얄궂은 모습으로 우릴 반기는 듯하다.
　여름이 성큼 앞으로 나선 6월 중순, 새벽 여섯 시 반경 출발한 우리는 8시경 마을에 도착했다. 여름이라 해는 이미 중천으로 올라섰지만, 동네는 한적하다. 이곳이 이제는 여느 시골의 농촌이라기보다 관광지가 되어버린 탓이다. 아직 관광객이 도착하기엔 이른 시간이니 우리처럼 사진을 좋아하는 사람이 아니라면 토요일에 누가 새벽길을 달려 이곳에 오겠는가? 오늘은 나도 김유정의 문학길을 걸으며 소설 속의 주인공이 되어 보마고 다짐

한 터이다. 사진보다는 풍광을 눈으로 보고 음미하고자 나선 길이다. 이런 마음으로 새벽 시골길을 걸어봄은 동이 틀 무렵 길을 나선 우리만이 느낄 수 있는 특별한 감성이리라.

이른 새벽 대충 준비한 도시락은 준비랄 것도 없이 갓 지은 밥을 푸고 묵은 김장 김치와 백김치, 김, 오이고추, 집에서 담근 된장과 고추장, 멸치볶음이 전부이다. 마치 그 옛날 가난했던 선비 김유정 님의 밥상이나 된 듯 소박한 메뉴이다. 주차장에 자리를 깔았다. 그릇을 턱턱 바닥에 내려놓고 휴대용 칼로 대충 고갱이만 쓱쓱 베어 놓은 김치를 쭉쭉 찢어 얹으며 마치 밭고랑에서 먹는 밥처럼 시작한 아침은 가늠할 수 없을 만큼의 맛깔난 정찬이 되었다. 식사란 꼭 진수성찬이어야 맛이 있는 것은 아니다. 이처럼 풍광 좋고, 공기 좋고, 느낌 좋은 마을 한 귀퉁이에 차려진 것만으로도 어느 궁중음식 부럽지 않은 식사가 되기에 충분한 것을.

김유정 생가터 담장을 끼고 곱게 핀 때 이른 코스모스가 우리를 맞는다. 팔구월이나 되어야 피는 코스모스가 요즘은 씨를 뿌리기만 하면 피는지 이곳저곳에 시도 때도 없이 피어난다. 기후 온난화로 계절이 제멋대로이니 꽃이 피어남도 제멋대로 되어가는 것인가 보다. 이 코스모스는 토종인지 키가 작고 그 모양새가 소박하여 생가터 담장을 지키고 있는 모습이 그럴듯하다. 좀 일찍 피어났으면 어떤가? 긴 목을 들어 올린 그 모양새가 도도하게 담장과 어울리니 그것으로 충분하다.

마을 안 시멘트 포장길을 갓 벗어나 흙길로 들어서니 발길이 한결 가벼워진다. 수수밭 옆을 지나려니 고목나무에 기대어 선 원두막이 보인다. 처음에는 볏단으로 이어 붙인 원두막이었던 것을 근래에 와서 합판을 붙여 놓았는지 옛것도 아닌, 현대식도 아닌 모호한 모양새다.

어쩌면 병에 술을 담아서 가지고 다니면서 판다는 소설 속 여자 술 장수인 들병이들이 쉬어 갔던 곳인지도 모르겠다. 그네들은 무더운 날씨에 잎이 무성히 자란 고목나무 밑 원두막을 보자 얼른 올라앉았을 거다. 산마루와 고갯마루를 넘어오느라 땀 밴 목젖을 닦아내고, 부어오른 발을 쉬게 할 양으로 무명 버선을 벗어젖히면 하얀 속살을 드러낸 발등으로 서느런 바람이 파고들어 마음 까지 시원해졌으리라. 이를 곁눈질하며 밭이랑을 부지런히 일구던 농부에게 들병이들이 꼬임을 놓던 모습을 고스란히 지켜보았을 고목의 숨은 역사가 거기에 있다.

소설 『총각과 맹꽁이』 속의 뭉태와 덕만이의 애간장을 태웠던 들병이의 눈웃음을 웃던 길을 향해 다시 길을 떠난다. 때 이른 여름날 뜨거운 태양도 울창한 소나무 숲에 이르자 맥을 못 춘다. 제법 선선한 바람이 소나무 내음과 더불어 코끝에 닿을 즈음 '들병이들이 넘어오던 눈웃음 길'이란 표지판이 보인다. 머리에 술병을 인 들병이들이 고갯마루를 넘으며 눈웃음을 지었다니 그 시절 그들의 지난했을 삶의 모습이 한껏 그려진 『총각과 맹꽁이』 속의 삶이 한 무더기 쏟아져 나오는 듯하다.

오르막길을 오르느라 땀이 온몸에 배어날 무렵 푸르른 숲에 세워진 동백나무 길을 만난다. 이곳의 동백나무는 선운사의 그 붉디붉은 동백이 아니라 산 동백이라 부르는 생강나무를 말한다. 이른 봄에 노랗게 꽃 피우던 생강나무가 이제 그 꽃을 다 떨구고 푸르른 잎으로 치장하여 우릴 맞는다. '동백꽃' 속의 얄미운 짓만 골라 하는 점순이가 주인공인 '나'를 꼬시던 길이라 한다. 구부정하게 이어지는 산길을 걸으며 소설 속의 점순이와 '나'의 모습을 상상해 본다. 감자를 내밀며 '느 집엔 이거 없지?'라며 약 올리던 그녀의 모습, 티격태격 실랑이 끝에 '한창 피어 퍼드러진 동백꽃 속으로 파묻혀 버린 모습'을 상상하며 걷는다.

볕이 고개 숙인 오르막 언덕길 한편에 볕이 드는 틈을 찾아내어 갓 피어난 패랭이꽃이 우릴 맞는다. 사진을 뒤로하자던 우리의 다짐은 그 조그만 토종 패랭이꽃 한 송이에 여지없이 무너지고 만다. 이리도 찍어 보고 저리도 찍어 보고 그 조그만 패랭이꽃 몇 송이가 우리 발목을 붙잡고 놓아주질 않는다. 그러하면 어떠한가? 그곳이 김유정 문학의 산실이라고 그 패랭이꽃 한 송이가 우리의 마음을 사로잡고 있으니 그 또한 새로운 예술의 산파 역할을 할지 어찌 알 수 있으랴. 후일 그 한 송이 패랭이꽃이 우리의 작가적 감성을 불타오르게 하여 대가의 탄생을 예고하고 있는지도 모를 일이다.

걸으며 쉬며 산길을 나오니 뜨거운 태양에 달구어진 마을 길이 우리를 맞는다. 도로에 반사되는 태양 빛을 피하여 골목길로 접어드니 낡고 초라한 주막집이 우리 앞길을 막아선다. 작가 김유정이 자주 드나들던 주막이라는 설명이 초라하다. 사진을 찍고 돌아서며 『산골 나그네』 속의 주막이 아니었을까? 생각해 본다.

덕돌이의 색시가 된 나그네는 비싼 은비녀는 베개 밑에 그냥 두고 덕돌이의 옷만 챙겨 들고 집을 나간다. 물방앗간에서 기다리는 거지 남편에게 입힐 옷이다. 병든 남편이 손목을 잡아끌고 으슥한 산 저편으로 사라지는 아낙이 모습이 클로즈업된다. '멀리 뒤에서 사람 욱이는 소리가 끊일 듯 날 듯 간신히 들려온다. 바람에 먹히어 말저[6]는 모르겠으나 재없이[7] 덕돌이의 목소리임을 짐작할 수 있다.'[8] 새색시를 들였다고 좋아하던 덕돌이의 외침도 나그네의 야속한 발걸음을 잡지는 못했는지, 새색시는 병든 남편을 향해 '아 얼른 오게유' 하며 재촉한다.

주막이 있던 그 좁은 길목을 빠져나오며 김유정 문학 속의 주인공들이 삶의 애환을 그려본다. 스물아홉 살의 짧은 생을 살다 간 작가 김유정이 짝사랑한 여인 명창 박녹주는 '그렇게 일찍 갈 줄 알았더라면 한 번쯤 안아 줄 걸' 하고 후회했다고 한다.

작가 김유정의 아픈 사랑이 『산골 나그네』의 사랑과 함께 겹쳐지며 이 아픈 사랑의 실레길을 걸어가는 내 마음도 아릿해져 온다.

2017. 7. 1.

---

6) 전부, 모조리
7) 틀림없이
8) 산골 나그네의 한 줄거리

그가 보고 싶다

며칠 전 하늘에 구름이 예쁘던 날, 그의 마지막 모습을 간신히 찾아냈다.

그의 큰 키를 카메라에 담아 둘걸, 아니 어딘가에 있을 것이다. 꼭 찾아보리라. 그가 하얀 눈옷을 입은 모습을, 꽃이 핀 모습을, 푸르른 모습을, 나를 향해 웃던 모습을….

그는 15년 전부터 매일 동녘 하늘이 발그레해지기 시작하면 어김없이 나타난다. 내가 이 집을 택한 이유 중의 하나도 그가 있기 때문이다. 그의 늠름함이, 그의 거친 아름다움이, 그의 꽃향기가, 푸르른 잎새가 고향하늘 같았기 때문이다.

아스라이 보이는 불암산 자락으로 해가 올라오기 시작하면 그도 잠에서 깨어난다. 눈을 뜨자마자 나를 맞이해 주는 이도 그다. 그는 15년을 한결같이 내 벗이었다. 날씨가 맑은 날엔 파란 하늘을 이고 오고, 흐린 날에 김광석의 「흐린 가을 하늘에 편지를 써」라는 노래를 흥얼거리게 한다. 계절마다, 시시각각으로 변하는 그의 모습은 내 15년의 지기였을 뿐만 아니라 이 동네 사람들의 든든한 지기였다.

그의 발치에 놓인 네 개의 의자엔 그의 벗들이, 그의 오랜 지기들이 머물며 그와 대화를 나눈다. 봄바람 살랑거리는 날엔 살랑거리는 대화로, 아카시아가 흐드러지게 피는 계절에는 아카시아 향기로 그는 벗들의 마음을 향기롭게 하면서 지낸 온 날들이 40여 년을 넘겼다.

그는 이제 없다. 어느 잔인한 벌목꾼의 손에 오늘 아침 무참히 잘려 나갔다. 그는 누구를 방해한 적이 없다. 방해는커녕 그는 40여 년 동안 버스를 기다리는 사람들을 위해 그늘이 되어주었고, 봄이면 아카시아 꽃을 피워 향기로움을 주고, 가을이면 단풍잎이 흩날리는 아름다운 정취로 행인들의 발걸음을 멈추고 쉬어 가게 했다. 겨울엔 또 어떠한가? 첫눈이 오는 날, 소복이 하얀 눈이 쌓이면 마치 영화의 한 장면처럼 아름다움을 주는 이도 그다. 비 오는 날은 수채화처럼, 꽃 피는 계절엔 꿀 향기 가득 머금고 언제나 따스한 눈길로 나를 반겨준 것, 흩날리는 눈송이를 담뿍 끌어안고 더 없는 아름다움을 준 것, 그것이 죄였을까? 그것이 죄였을까?

창밖에서 둔탁한 기계음이 들려온 건 9시가 좀 지나서였다. 높다란 중장비가 그의 큰 키를 따라 올라가 죽어 있는 팔뚝들을 잘라내고 있었다.

아! 그도 이젠 나이가 드니 제 몸을 잘 다스리지 못하는가 보다 싶어 약간의 안타까움이 있었지만, 그래도 세금을 득달같이 걷어가는 관계기관이 제 할 일을 하는구나 싶었다. 사람도 나이가 들면 병원도 다니고 영양제도 챙겨 먹어야 하는 것을, 그인들 별수 있겠나 싶어 안타까움이 일었지만, 내가 낸 세금이 제대로 쓰이고 있구나 싶어지던 차이다. 다시 내다본 창밖, 여전히 작업 중이다. 꽤 굵은 팔뚝까지 뭉툭 뭉툭 잘려 나간 모습이 안쓰럽다, 너무 많이 자르는가 싶어 나가볼까, 하다가 요즘 가로수들도 왜 그러는지 모르지만, 뭉툭 뭉툭 잘라버리는 게 대세이니 그런가 보다 하고 있었다.

집안일을 끝내고 나는 항상 그를 보는 것으로 일을 마무리한다. 40여 년을 한결같이 노구를 이끌고 살아가는 그가 대견스럽기도 하고 그를 보다 보면 내 몸이 힘듦도 위안이 되어서이다. 그처럼 두 팔을 쭉 뻗어 하늘을 향해 뻗으려는 순간 내 눈엔 그의 팔은 모두 잘려 나가고 몸통도 위쪽은 모두 잘려 나간 처참한 모습이 눈에 들어왔다.

깜짝 놀랐다. 정말 깜짝 놀랐다. 그곳에 있는 사람들은 그의 가지를 다듬는 것이 아니라 이제 막 그의 굵은 몸통에 날카로운 기계톱을 들이대고 있었다.

다급히 문을 열어젖혔다. "아저씨 그거 왜 잘라요?", 일행은 말이 없다. 큰 소리로 다시 "그거 왜 자르냐고요?" 구청에서 자르라고 했단다. "왜요?" 구청에다 물어보란다. 얼른 들어와 전화기를 들었다. '2241-OOOO'를 누른 전화는 뚜뚜 소리만 났다. 그럴 수밖에, 오늘은 휴일이니까.

전화를 끊고 다시 창가로 갔다. 그는 흔적도 없이 사라져 버렸다. 휑한 모습이 하늘만 속절없이 넓어졌다. 하늘엔 오늘따라 유독 황사가 더 뿌옇다. 저 지독한 중국제 황사도 걸러주며 무심히 서 있었던 그가 없는 길은, 하늘은 잿빛이다. 슬픈 빛이다. 허무함이다. 쓸쓸함이다. 날벼락이다. 날벼락도 이런 날벼락이 없다.

그가 이제 나이가 들었다고 한들, 그가 거기에 있었어도 누군가에게 아직은 피해를 주고 있지도 않잖은가? 대로변의 가로수처럼 사람들의 가게를 막아 생계를 위협하는 것도 아니고 길 한 가운데에서 차량 통행을 방해하는 것도 아닌데 무엇 때문에? 왜? 잘려 나갔을까?

왜 하필 그들은 휴일에 잘라버렸을까? 아마도 나 같은 민원인을 피하기 위함이었을까?

그가 이미 잘려 나갔더라도 난 꼭 그 이유를 듣고 말리라, 내 15년의 우정을 한순간에 날려버린 무도한 죄인들의 죄를 꼭 묻고 말 것이다.

담장 옆 다른 아카시아들이 피 울음을 우는지 때맞춰 휘몰아치는 바람에 몸을 가누지 못한다. 그네들은 어쩌면 그의 아들·딸 손자녀인지도 모른다. 주변의 다른 나무들도 슬픔에 겨워 몸을 가누지 못해 격렬하게 가지를 흔들며 그의 소멸을 슬퍼한다.

어제는 40여 년을 모신 분의 생신이었다. 회사 퇴직 후 한 달여 만에 처음 찾아뵈었다. 온전하지 못한 정신이 어제는 맑음이 었는지 지나간 사람, 지나간 일들을 끊임없이 말씀하신다. 세월이 그분을 그렇게 만들었겠지? 하고 내 안타까운 마음을 위로할 수밖에 무엇도 할 수 없음이 슬퍼졌다.

> 세월이 가면 가슴이 터질 듯한 그리운 마음이야 잊는다고 해도
> 한없이 소중했던 사랑이 있었음을 잊지 말고 기억해 줘요.

이 노래의 한 구절이 유독 가슴에 와닿음은 그가 떠난 뒤란이 너무 쓸쓸해서다.

2021. 5. 8.

예술가의 영혼

 사진을 시작한 건 참 잘한 일인 것 같다. 아무리 생각해 보아도 예술적 감각이 부족한 것 같지만, 시작이 반이라고 카메라를 잡은 지 꽤 되니 비록 정형화된 화각을 벗어나진 못해도 꽤 마음에든 사진이 될 때도 있다. 더욱 중요한 것은 예술혼을 논할 수는 없지만, 사진을 보는 눈을 키울 수 있었다는 점이다.
 스승이신 홍순태 교수가 영면에 드신 지 5년이 되었다. 와 상상태가 되어 병상에 계시면서도 병문안차 방문한 내게 노트북 가져오지 않았다고 나무라던 눈빛이 선하다. 그 후 얼마 지나지 않아 돌아가신 그분의 장례식장에선 제자들은 이구동성으로 병상에서 나무람을 받은 적이 있다며 안타까워했다.
 5주년을 기념하여 그분의 전시회가 열렸다. '서울의 찬가'란 제목의 전시회는 그분의 생전에 남겨 놓은 빈티지 작품 30점을 최초로 공개하고 모던 프린트 22점이 전시됐다. 육칠십년대 가난한 한국 서민들의 일상과 풍경을 긍정적이고 소박하게 담아낸 작품들이다. 서울 토박이인 홍순태 교수의 따뜻하고 정감 어린 작품들을 보며 생전에 강의하던 모습이 떠올라 눈시울이 뜨겁다. 완전히 달라져 버린 서울의 옛 모습을 보니 들불처럼 솟아오르는 향수와 그리움을 주체할 수 없다.

나선 김에 피카소를 보기로 했다. 국내 전시가 몇 번째인지는 모르겠다. 내 생애 다시 볼 수 없을지도 모르는 유명한 세계적 작가이니 봐둬야겠다고 생각하고 있던 터이다. 오랜만에 찾은 예술의 전당 한가람 미술관, 긴 행렬의 줄을 보고 기다리기 싫어하는 내 성정 탓에 잠시 망설였으나 어느새 긴 줄에 합류한 내 모습이 대견해서 스스로 머리를 쓰다듬었다.

한 시간여의 기다림, 두 시간여의 관람 나는 무엇을 보았을까? 광고 화면으로 지면으로 책으로 여러 번 보아와도 난해한 피카소의 그림은 설명을 보지 않고는 도대체 무얼 그렸는지 모르겠다. 그저 아름다운 채색, 조형미 외에는 그림을 볼 줄 모르는 나는 깨알같이 쓴 설명을 읽느라 눈에서 진물이 날 지경이다. 모든 그림이나 도자기, 판화 등 작품 속 여인들의 눈, 코, 입이 제자리에 붙어 있는 게 없는 작품을 보면서 가끔은 괴기스러움을 느끼기도 한다. 뭇 사람들이 작품의 아름다움을 논하지만, 내 눈에 그저 괴짜 예술가의 괴변처럼 보인다. 무식하고 어이없다고 할지 모르고, 아니 그 유족이나 추종자들이 소송을 걸어오는 건 아닌지 모르겠다.

예술가의 영혼

가장 편안하게 눈에 들어오는 그림은 「편지 읽기」와 「한국에서의 학살」 정도다.

「편지 읽기」란 작품은 피카소가 일찍 떠나버린 친구에 대한 그리움을 표현한 작품이라고 하니 그 배경에 공감이 가기도 하고, 쌍둥이처럼 그린 두 청년이 모습이 정감이 있고 다정해 보였다. 「한국에서의 학살」은 육이오 당시 학살 장면을 표현한 작품이라는 설명에 시선이 꽂혔다. 군인이 겨눈 총부리 앞에 선 임산부와 어린아이를 그린 작품이어서인지 공감이 많이 갔다.

작품 감상을 끝내고 나오면서 작품집도 거금 사만 원이나 주고 샀다. 소장각이다. 피카소와 여인들이란 대목에서 피카소는 '평생 동안 사랑만 했다, 사랑 없는 삶은 생각할 수가 없다.'라고 했다. 예술가들에게 여인들은 예술적 영감을 불어넣어 주는 뮤즈로서 그 역할을 다하고 있음이 아닐까, 하는 생각이 든다.

첫 번째 연인은 입체주의 탄생을 함께한 페르디낭드 올리비에이다. 두 번째는 에비 구엘, 세 번째 여자인 러시아 발레단의 무용수였던 올가 코클로바로 그의 첫 번째 부인이 되었다. 네 번째 연인은 17살 아래인 마리테레즈 발테르로를 아내 몰래 만났다. 피카소의 작품에서 가장 빛났던 뮤즈이자 모델이었다고 한다. 다섯 번째 연인은 도라마르로 사진작가인 그녀는 반전 예술의 상징인 '게르니카'를 세상에 알리는 데 공을 세웠다고 한다. 여섯 번째 여인은 프랑수아즈 질로로와 두 아이를 낳았으며 스스로 피카소를 떠난 여인이다. 일곱 번째 여인 자클린 로크는 첫째 부인의 죽음으로 두 번째 부인이 되었다. 피카소의 말년을 함께한 그녀는 피카소 사망 후 엄청난 유산을 받았지만, 우울증과 알코올 중독에 빠져 1986년 권총 자살로 생을 마감했다. 그밖에도 알려지지 않은 여인들이 있다고 하니 피카소의 여성 편력이 대단하긴 하다. 그녀들의 삶의 행, 불행을 논할 수는 없으나 피카소에게 있어서 여인들은 예술적 도구로 존재했던 것은 아닐까, 하는 생각이 들었다.

내게도 엄청나게 멋진 남성 모델이 있었다면 인물사진이 대가가 될 수 있었을까? 불행인지 다행인지 20여 년 전 딱 한 번 참가했던 누드 사진 찍기의 모델은 여자였다.

스승이셨던 홍 교수님이 가끔 강의 시간에 하시던 우스갯소리도 생각난다. 당신의 스승이셨던 L 작가님의 이야기다. 우리나라 사진 1세대로 사진계에 큰 발자취를 남겨 사진의 역사에서 빼놓을 수 없는 분의 이야기다. L 작가는 자신의 자택 2층에 작업실이 있었다. 알몸 사진을 찍기 위해 모델이 수시로 집에 왔다고 한다. 2층 작업실이 궁금하신 사모님은 찻잔을 들고 오고, 다과를 들고 오고, 전화 받으라며 수시로 오르내리자 '이놈의 여편네가 왜 자꾸 올라오느냐?'라고 하시며 호통을 치셨다고 하시며 빙그레 웃으시던 모습이 선하다.

예술가에게 있어 여인이란, 연인이란 예술적 영감을 주는 뮤즈, 영혼을 불어넣어 주는 동반자 역할을 하는 것은 동서양을 막론하고 다르지 않은 모양이다. 자세히는 모르지만, 이중섭 화가의 제주도 사진도 그렇다고 하니 부인할 수 없는 사실이라 여길 수밖에.

15년을 제자로 지낸 내가 홍 교수의 여인은 사모님밖에 아는 여인이 없다. 「서울의 찬가」에서 보았던 작품 속 어딘가에 혹시 그분의 뮤즈가 있었던 건 아닐까?

그분의 뮤즈는 평생을 함께해 온 작업실에 컬렉션 된 수백 대의 카메라와 사진집이 아니었을까 싶기도 하다.

나도 세상에 길이 남을 사진을 위해 연인이라도 만들어 봐야 하나?

화인더로 보이는 또 다른 세상이 시선을 압도한다.

2021. 5. 25.

홍순태 교수의 전시작 중에서

3

내 피의 맛

가을 음(吟)

눈 오는 날 풍경이 제일이라는 내소사, 오늘은 가을이 절정이다. 언제나 그랬듯이 이른 아침 풍경을 좋아하는 내 성정 탓에 일행은 늦잠을 반납한다. 선유도를 거쳐 채석강, 내소사에 이르렀다. 아침 일찍 콩나물 해장국으로 유명하다는 전주의 삼백집에서 든든하게 식사를 챙겼지만, 어느새 배꼽이 등에 붙기 일보 직전이다. 금강산도 식후경이라 하니 점심부터 챙겨 먹는다. 내소사 입구의 음식점, 일명 내소사 정식은 전라도 음식 인심을 대변이라도 하듯 맛깔났고 친절한 사장님 덕에 기분 좋은 식사였다.

일주문을 들어서니 가을 단풍이 홍조 띤 얼굴로 맞는다. 코로나19 이후 일상 회복이 시작된 11월의 첫날이다. 월요일인데도 사람들의 경쾌한 발길이 제법 많다.

전나무 숲길을 지나니 오색 단풍 일색이다. 따사로운 가을 햇살에 단풍은 더욱 반짝인다. 느린 걸음을 옮기며 산사의 풍경에 마음을 심는다. 스님의 처소인 요사채 처마에 매달아 놓은 노란 감이 해맑게 웃는다. 머지않아 곶감이 되면 달콤한 맛 자랑하며 또 한 번 헤픈 웃음을 지을 것이다.

  내소사에는 재미있는 전설이 있다. 대웅전 주춧돌에 앉아 산을 내려다보던 노승은 사미승을 불러 일주문 밖으로 나가 목수를 맞이해 오도록 한다. 그렇게 모셔 온 목수는 다음 날부터 대웅전을 지을 나무를 찾아 기둥감과 중방감을 켜고 작은 기둥과 서까래를 끊었다. 다음에는 목침만 한 크기로 나무를 자르기 시작했다. 어느덧 다섯 달, 목수는 비로소 톱을 놓고 대패를 들었다. 사미승의 장난으로 목침 하나가 없어진 것을 안 목수는 눈물을 흘리며 절 짓기를 포기하려 하자 노승은 그대의 잘못이 아니라며 법당을 지을 것을 당부한다. 그렇게 해서 침목이 하나 없는 법당이 세워졌다.

  법당에 단청하려고 화공을 불러왔다. 노승은 화공이 일이 끝날 때까지 아무도 법당 안을 들여다봐서는 안 된다는 명령을 내렸으나 노승이 부른다는 사미승의 거짓에 속아 목수는 법당을 비우게 된다. 사미승이 재빠르게 문틈으로 법당 안을 들여다봤다. 그림 그리는 사람은 없는데 오색 영롱한 작은 새가 입에 붓을 물고 날개에 물감을 묻혀 벽에 그림을 그리고 있었다. 사미가 문을 살그머니 열고 법당 안으로 발을 들여놓았다. 순간 어디선가 산울림 같은 무서운 호랑이의 울음소리가 들리면서 새는 날아가 버렸다. 노호 소리에 놀란 사미가 어슴푸레 정신을 차렸을 때 노승은 법당 앞에 죽어 있는 대호를 향해 법문을 설했다. "대호 선사여 생사가 둘이 아닌데 가까운 어느 곳에 가 있는가. 선사가 세운 대웅보전은 길이 법연을 이으리라."

1633년. 내소사 조실 청민 선사는 대웅보전 증축 후 어디론가 자취를 감췄다. 변산반도 한 기슭에 자리한 내소사 대웅전(보물 제291호)은 지금도 한 개의 포가 모자란 채 옛 위용을 자랑하고 있다.9). 날아가 버린 새 탓인지 내소사는 단청이 없는 유일한 절이고 그 전통을 그대로 이어가고 있다고 한다.

햇살 밝은 가을 끝자락에 따스하고 넉넉한 마음, 아름다운 시상을 찾아 나선 이들과 발을 맞추어 단풍잎이 흐드러진 일주문을 지나 대웅전 앞에 이른다. 무채색의 단청에 무채색 눈 맞춤을 한다. 사미가 몰래 숨겨버린 목침 한 개가 여전히 빠진 채로 우람하게 서 있는 내소사 대웅전 앞에 서서 마당을 향하니 눈부신 가을빛이 마당에 가득하다. 단풍 터널을 머리에 이고 사람들이 들어온다. 역병으로 제한되었던 나들이가 일상 회복 시작으로 오랜만에 자유를 만끽한다.

아이들의 맑고 청아한 웃음소리, 어른들의 가벼워진 발소리, 법당 안 두 손을 가지런히 모은 신도들의 떨리는 염불 소리가 가을 음(音) 된다. 가을의 소리를 찾아간 우리네 우정도, 삶도, 깊은 곳에 머무르던 속내를 드러내어 가을 음에 취한다.

2021. 11. 6.

---

9) 홈페이지 내소사 소개에서 참고

나목의 꿈

해가 뉘엿뉘엿 넘어갈 때쯤 산등성이에 나란히 선 나목의 아름다움을 발견한 건 사진 찍기를 시작하면서부터다. 눈이 보배라 하였던가? 사람의 관심사에 따라 아름다움을 보는 눈도 늘 새로워진다.

연초록 새순으로 시작한 나뭇잎은 봄을 한껏 만끽한 후, 한여름이 되면 뜨거운 태양 빛을 받으면 될 대로 되라는 듯이 제 성정을 그대로 드러내며 짙푸른 녹음으로 치장한다. 더는 이른 봄, 연초록의 소녀적 아름다움을 간직함이 필요 없다는 생각에서일까? 땀을 뻘뻘 흘리며 산을 오르던 사람들의 이마에 송골송골 맺힌 땀방울을 식히는 재미에 푹 빠진 탓인지도 모른다. 나뭇잎은 제힘을 다 소진하는지도 모르고 열띤 열정으로 오가는 행인들에게 시원함을 선물하느라 여념이 없다.

뜨거운 태양열이 사위어 드는 초가을 저녁때, 힘에 겨운 나뭇잎이 노랗게, 발그스름하게 물들기 시작하면 또 한 번의 열정이 도를 넘기 시작한다. 온 산을 오색 단풍으로 치장하며 앞다투어 자태를 뽐낸다. 해마다 겪는 일이건만 나뭇잎은 매년 처음 겪는 것인 양 열정의 끝을 향해 줄달음친다. 초가을은 싱싱하고 상큼한 단풍으로 상춘객의 마음을 사로잡고, 만추가 되면 전국을 온통 단풍잎으로 물들이며 그 이상의 아름다움이 없을 듯한 심경이 되어 절정을 향해 치닫는다.

늦은 가을이 지나고 초겨울이 되어서야 나뭇잎은 생각이 났다. 지난여름 자신의 푸르름을 위해, 지난가을 오색 자태를 뽐내기 위해 소모한 에너지가 바닥나 더 버틸 힘이 없게 만들었음을. 하나, 둘 바람에 흩날리며 자신이 몸을 의지했던 나뭇가지를 떠나야 함을 알게 되었을 때 더는 수습할 수 없는 상황에 애달픔만 가득 남아 있음을.

어느 날 힘겹게 매달린 나뭇잎이 마지막 잎을 떨구고 나면 산등성이의 나무는 온전히 옷을 벗은 나목이 되고야 만다.

나목의 삶이 사람과 무엇이 다를까? 80여 년을 한결같이 살아온 지인의 삶이 마치 나목의 끝에 애달프게 매달려 있는 가녀린 잎새처럼 보임은 그분의 생이 안타까워서일 거다. 무엇을 이루었건 상관없이 세월이 좀 먹어버린 그분의 지난날이 안타까워 짐은 산등성이에 위태롭게 서 있는 뿌리가 반쯤 들린 나목 같아 보여서이다.

팔당대교를 달리던 길손의 눈에 비친 산마루의 나목, 저녁노을을 온몸으로 받아 안은 모습으로 다가온다. 벌거벗은 모습으로 산마루에 애처롭게 서 있는 나목이 저녁 빛을 받아 힘이 생긴 모양이다. 어느 맘씨 고운 사진작가가 그 아름다운 유혹에 철커덕 셔터를 누르니 아름답게 춤추는 나목이 되었다.

봄이 다시 눈앞에 이르니 나목의 끝동, 솜털처럼 뽀얀 새순에 물오른 모습이 토실토실하다.

나목은 다시 꿈을 꾼다. 연초록 잎새를 틔울 생각에, 짙푸른 녹음으로 길손의 땀을 식힐 생각에, 오색 단풍으로 상춘객의 마음을 사로잡을 생각에 나목의 꿈이 솟아오른다.

꿈은 늘 푸르르고 새로우니까. 어제의 꿈도 오늘의 꿈도 늘 새로우니까.

그분의 삶에도 다시 봄이 올 수 있을까?

2021. 3. 4.

유채꽃 서정

 봄을 알리는 전령사 유채꽃, 언제부터인가 제주의 상징이 되었다. 제주 전역에 고루 드리워진 한라산을 병풍 삼아 중산간 이곳저곳에 분포된 유채는 예나 지금이나 제주인들의 삶에 한 아름의 서정, 한 아름의 풍요를 주고 있다.
 유채는 원래 지중해 연안이 원산지라고 하는데 주로 중국의 남방지역과 우리나라, 일본 등에 분포되어 있다. 우리나라에서는 제주도가 재배 조건이 가장 알맞은 곳이라 한다.
 중산간 도로인 표선면 가시리의 도로를 달리다 보면 길가를 노랗게 물들인 유채꽃을 볼 수 있다. 돌담길을 화려하게 수놓기 시작한 벚꽃나무의 몽글몽글한 꽃망울이 유채꽃에 말을 거는 듯 하늘거리는 모습이 장관이다. 잿빛이던 하늘도 몽글몽글한 뭉게구름을 만들어 길손을 유혹한다. 친절하게도 제주도는 유채꽃 길 이곳저곳에 자동차를 세울 곳까지 마련해 놓았으니 이 아름다움을 그냥 지나친다면 그 건 죄악이 되고 말 것이다. 지난밤 살짝 내린 비가 이 아침 유채꽃의 싱싱함을 더하니 벚꽃도 덩달아 꽃망울 열기에 분주하다.

제주에서 유채는 춘궁기 식용으로 유채의 동지와 잎은 나물이 되었고, 씨앗은 기름을 짜서 식용으로 사용하였다. 해서 예전에는 지름(기름)꽃, 지름나물이라 불렀다. 내 어릴 적 식용유는 유채 기름만 있는 줄 알 정도였다. 요즘은 강남의 부잣집 마나님들께서도 몸에 좋은 청정기름이라 주문이 쇄도한다. 값싼 식용유에 밀린 유채 기름은 오일장이나 재래시장에서나 살 수 있는 귀한 몸이 되었으니 더 귀한 대접을 받는 모양이다. 씨앗을 볶아서 짜는 유채 기름은 서민들의 식탁에 참기름처럼 사용되었다. 척박한 제주의 땅에서 기름을 얻을 수 있는 작물 재배가 쉽지 않았던 터라 쉽게 잘 자라는 유채를 키워 어린 새싹은 나물로, 씨앗은 기름을 짜서 먹게 되었다. 노랗게 물든 유채밭은 밀원의 역할도 톡톡히 한다. 유채꿀의 밀도가 높고 품질이 좋은 것은 제주인의 청정한 마음이 담겨서일 게다.

어린 날, 학교 수업이 끝나고 책보를 어깨에 둘러멘 우리가 종종걸음으로 달려간 곳은 길가에 있는 우리 유채밭이다. 입구에 크게 돌담으로 둘러싸인 무덤이 있는 곳이다. 사방으로 돌을 겹겹이 쌓은 돌담(제주어로 산 담이라 칭함)은 가축들로부터 무덤을 보호하려는 목적이 있다고 한다. 어린 우리의 소꿉놀이 장소는 이보다 더 좋을 수는 없었다. 돌담 안은 잘 손질된 잔디가 곱게 깔려 있다. 손을 뻗으면 그릇으로 쓸 조그맣고 넓적한 돌이 즐비하니 하나씩 둘씩 들어내면 그릇이 되고, 솥이 되어 그날 신랑, 각시가 된 우리들의 완전한 주방이 된다. 돌담 너머에 우리 키만큼이나 커가고 있는 유채는 소꿉놀이 식량으로 안성맞춤, 아니 최고라고 함이 옳다. 동지(꽃대)를 꺾어 껍질을 벗기고 입에 넣으면 달콤하고 향긋한 봄 향기가 몸 안으로 퍼지던 그날이 기억나 카메라 들던 손을 내밀어 실한 동지 하나 꺾어 입에 넣었다. 추억의 향기가 온몸을 감싸온다.

몇 년 전 중국의 청해성 문헌현으로 사진 촬영 여행을 갔다. 노란 유채꽃과 초록색 보리밭이 있는 곳이다. 그 어우러짐의 패턴을 카메라에 담았다. 중국이라는 나라가 정말 크긴 크다고 생각했다. 2박 3일을 가도 가도 끝없는 유채밭이 이어지고 또 이어졌다. 그 아름다운 유채꽃이 지겨워지기까지 했던 것 같다. 그 유채꽃 군락을 마치 칼 각 잡은 군무 같았다고 한다면 제주 유채꽃의 하늘거림은 조지훈 님의 「승무」 같다고 해야 할 것 같다. 아직도 외장 하드 어딘가에 잠자고 있는 그 사진은 왠지 다시 꺼내 보지 않게 된다. 보더라도 제주 유채꽃의 함축미를 따라갈 수는 없을 것이다. 많아도 너무 많아서일까? 제주의 유채꽃 군락을 보며 적당함이란 참 좋은 것이란 생각을 하게 한다.

제주의 유채꽃을 보라. 오염되지 않은, 싱그러운 냄새와 산뜻한 공기가 어우러져 그보다 더 아름다운 게 무엇이 있을까 싶다.

최근에는 제주의 유채꽃이 작물보다는 관광용으로 제주 전역에 많이 심어 놓았다. 작년에는 코로나19의 영향으로 관광객의 방문을 줄이려고 유채꽃밭을 전수 갈아엎어 버리기까지 했으니 유채꽃 본연의 기능은 물론이고 관광자원의 기능마저 상실하는 슬픔을 겪기도 했다.

아마도 다음 주쯤이면 가시리의 유채꽃 군락지엔 유채꽃도 벚꽃도 만개하게 될 것 같다. 유채꽃 본연의 기능이 어떤 것이든 사람들의 식량을 담당하던 역할을 마음을 여는 역할로 바꾸면 될 것이다. 그 또한, 제주 사람들의 마음을 따뜻하게 할 수 있을 테니까.

적당히 노랗고 적당히 푸른, 적당히 핀 벚꽃이 유혹에 카메라 셔터 누르는 손마저 잠깐 멈추어 선다.

이 봄날, 하늘엔 구름이 뭉글뭉글, 길섶엔 노란 유채꽃의 가녀린 허리가 살랑살랑, 돌담을 딛고 선 벚나무 가지엔 벚꽃 잎이 벙글거리는 가시리의 유채꽃 들녘이 온통 내 마음을 사로잡는다.

2021. 3. 22.

오로라(Aurora)

 오로라10)를 찾아 떠난 여행, 오로라가 라틴어로 새벽이란 뜻이라고 하니 어쩐지 신선한 아름다움을 품고 있을 것 같아 사뭇 설레는 가슴을 진정시켜 본다. 아직은 사진에서만 보았을 뿐인 오로라의 고장에 오고 나니 그 궁금증은 더욱 증폭되어 가고 있다.
 가을의 문턱에 살짝 발을 들여놓은 9월 1일, 100여 년 만의 폭염이라며 40여 도를 오르내리던 서울의 폭염을 벗어나 도착한 화이트 호수 공항은 이미 늦가을의 모습을 하고 있었다. 그때까지만 해도 우리 일행들이 오로지 오로라만을 위해 그 먼 곳까지 갔을 줄은 상상하지 못했다.

---

10) 오로라는 새벽이란 뜻의 라틴어이다. 1621년 프랑스 과학자 피에르 가센디가 로마신화에 등장하는 여명의 신 아우로라(Aurora, 그리스 신화의 에오스)의 이름을 딴 것이라 한다. 극광(極光)이라고도 하며 북반구에서는 northern light라 부르기도 한다. 동양에서는 적기(赤氣)라고도 한다. 위도 60도에서 80도의 지역에 넓게 나타나며 오로라대의 크기는 항상 일정한 것이 아니라 태양의 활동에 따라 변한다.

팀의 특성상 여행보다는 사진 찍기에 전념하는 특성이 있긴 하지만 그래도 13일이나 되는 일정이니 캐나다의 이곳저곳을 볼 수 있지 않을까 하는 기대감을 살짝 품고 있었던 게 사실이다. 하지만 그건 언감생심이었다.

캐나다의 유콘주, 캐나다 북서부에 있는 서경 135도 46분, 북위 63도 38분, 그야말로 오로라가 발현하기에 딱 좋은 위치이다. 유콘주는 남한 면적의 5배가 되는 넓은 땅에 인구는 고작 31,000여 명 정도이고 그들도 주로 주도인 화이트 호스(약 23,000명)에 거주한다. 인구밀도를 거론할 필요조차 없는 셈이다. 유콘에는 순록 65,000마리, 검은 곰 10,000여 마리, 늑대 4,500여 마리 정도가 살고 있다 하니 그야말로 동물이 주인인 셈이다. 깔끔하게 정리된 도로, 길 양옆으로는 노랗게 물든 자작나무와 침엽수인 전나무가 대부분인 곳이다. 산허리와 나무 밑에는 빨갛게 물들인 잡풀이 그곳의 독특한 아름다움을 만들어 내고 있었다. 인솔자는 주의 사항으로 곰이 자주 출현하니 절대 혼자 다니지 말라는 경고장을 날린다. 곰의 동면기에 접어들어 우리를 만난다면 아주 맛있는 먹잇감이 되고 말 것이라는 말까지 첨언 하니 긴장감이 더 배가 된다.

화이트호스 공항에서 두 대의 캠핑카에 나누어 탄 일행은 곧바로 북극점을 향해 떠났다. 북으로 갈수록 깊어지는 가을, 아니 겨울이 기다리고 있었다고 해야 옳다. 한국에서 한 달 이상을 40여 도를 오르내리는 폭염을 견디어 내다 도망자처럼 튀어나왔더니 이곳의 체감 온도는 마치 영하 20여 도를 방불케 한다. 가을을 만나러 간다는 인솔자의 안내만 믿고 두꺼운 패딩점퍼 챙기는 것을 소홀히 했다면 꼼짝없이 추위에 옴짝달싹 못 하고 갇혀버릴 뻔했다. 핸드폰은 고사하고 와이파이도 안 되는 통신이 불통인 곳, 엎어진 김에 쉬어 간다고 전화기를 꺼버렸다.

그래도 살아지는 것을, 한국에서는 마치 핸드폰이 손에서 떨어져 나가면 세상이 종말을 고해 버릴 것처럼 화장실에 가면서도 들고 다니는 그 핸드폰이 찬밥 신세가 되고 있다는 게 신기하기까지 하다.

어느새 날이 어두워지고 일행은 어느 호숫가에 자리를 잡았다. 오로라가 호숫가에 반영된 모습과 함께 잡기 위해서이다. 캠핑카의 천국답게 요소요소에 캠핑카를 세울 수 있도록 캠핑 장소가 조성되어 있다. 투박한 통나무로 지어진 화장실과 쓰레기통과 함께 조성된 캠핑장은 전기 같은 것은 언감생심이다. 깜깜한 밤에 버너에 불을 붙이고 밥을 지으면 각자 준비해 간 반찬이 투박한 탁자에 올려진다. 개인 준비물 중 가장 필수품이 이곳에서는 수저이다. 헤드 랜턴을 하나씩 켜 놓고 차려진 밥상에 둘러앉으니, 그 추위에 그래도 밥이 목으로 넘어간다. 심지어 맛있다. 분위기 탓일 거다. 하긴 일행 중 K는 여행 가방 하나 가득 반찬을 가득 채워왔다. 십인십색의 반찬이 올려진 셈이니 진수성찬이랄 수도 있다. 불빛이 이리 어두운데도 밥이 제 구멍을 찾아 들어가는 것은 신기에 가깝다며 화제 만발이다. 이럴 때 문명은 그저 거추장

스러운 것일 뿐이다.

　드디어 자정이 다 되어가는 시간, 이번 여행의 백미인 오로라를 촬영할 시간이 되었다. 카메라 렌즈의 초점은 아예 테이프로 고정해 버렸다. 오로라는 첫 촬영이니 여러 번 촬영을 경험한 이들의 충고를 따를 수밖에. 한참을 기다려도 오로라란 놈은 나타날 줄은 모른다. 저녁 9시가 지나도 여명이 남아 있는 백야의 나라이니 12시가 다 되어가서야 달이 모습을 나타내기 시작했다. 우리나라에서 떠오르는 달의 시간대와는 전혀 다른 곳이었다. 구스 파카를 두 개나 껴입었는데도 몸이 얼어붙기 시작한다. 발이 시리고 입이 덜덜 떨린다. 누군가가 틀렸다며 카메라를 접었다. 추위에 온몸이 굳어버릴 것 같은 나도 얼른 카메라를 접고 들어왔다.

　그때였다. 막 자동차에 들어와 신발을 벗었을 때이다. "나왔어" 하는 함성이 터져 나왔다. 서둘러 신발을 신고 뛰어나갔다. 녹색의 빛이 마치 레이저 쇼를 연상케 하며 하늘을 가르고 있었다. 처음 만나는 오로라, 카메라에 찍히면 더욱 선명한 빛을 내며 마음을 사로잡는다. 갖가지 모양의 빛을 쏟아내는 모양에 추위 따윈 이미 잊어버렸다. 시간 반쯤 정신없이 눌러댄 카메라에는 내 생애 처음 오로라가 잡혀 들어왔다. 얼마 지나지 않아 빛의 축제는 끝이 나고 일행들은 모두가 희희낙락이다. 왜 아니 그러겠는가? 이 먼 곳을 오직 오로라를 만나기 위해 왔다는데.

　그날의 오로라는 사실 맛만 보여 준 것이라고 한다. 일행들은 그 늦은 밤 깜깜한 어둠 속에서 따끈한 커피 한잔을 벗 삼아 세상의 모든 오로라를 본 것처럼 신이 났다. 새벽이라는 뜻의 오로라가 이미 우리의 새벽을 모두 앗아가 버렸으니 우리는 잠깐의 눈 붙임으로 그날을 마감해야 했다.

  무언가를 만난다는 것, 그게 생애 첫 경험이라면 그것은 더욱 즐겁고 행복하다. 마치 신세계를 경험하는 것처럼. 일생을 다 돌아보아도 세상 것들을 수 만분의 일도 경험할 수 없을 테지만 위험과 고난을 무릅쓰고라도 찾아 나서지 않는다면 절대 경험할 수 없을지니, 내 이런 도전에 조용한 박수를 보내고 싶다. 그 뿌듯함을 안고 다시 북극점을 향해 길을 떠난다. 그곳에 있을 무언가를 만나기 위하여….

  아팠던 허리도 언제 그랬냐는 듯 씻은 듯이 나아 버린 것 같다. 어쩌면 오로라의 전기장 탓인지도 모르겠다. 아닐까?

2018. 9. 26.

시곗바늘을 돌려놓고

2017년 6월 23일 초로의 흥으로 여수 밤바다가 무르익어 간다. 삼양초등학교 26회 졸업생 벗들이 회갑 여행으로 여수의 여름밤을 즐긴다. 서울에서 셋, 원주에서 한 명, 충청도 한 명 나머지는 product by 제주 도합 서른여덟 명이다. 두 반이 합해 120여 명이었던 것을 고려하면 50여 년이 지난 세월을 안고 다시 그 삼분의 일이나 되는 인원이 모여진 셈이니 꽤 많은 수다.

순천의 모 식당에서 그들을 기다리던 우리 앞에 나타난 이들은 하나같이 머리에 허연 서리를 얹고 이미 늙수그레해져 버린 얼굴들을 내민다. 어떤 이는 낯익은 모습으로 어떤 이는 전혀 낯선 모습으로 이름을 대며 악수를 청한다. 이름을 듣고서야 어디서 많이 듣던 귀에 익은 이름에 그저 50년을 한결같이 기억해 두었던 것처럼 십 대의 표정으로 둘러댄다. 50여 년 세월을 훌쩍 넘겨버린 그네들은 살아온 세월만큼 머리 위에 삶의 희로애락을 하얗게 얹어놓고 있었다.

　초등학교 시절이 눈앞에서 영상이 되어 지나간다. 갑자기 아버지가 돌아가시자 가세가 형편없이 기울어 버린 나는 아홉 살이 되어서야 초등학교에 입학했다. 가세가 기울어서였는지 나는 동네에서와는 달리 학교에서는 풀이 많이 죽어 있었던 것 같다. 다섯 살 아래인 동생이 겨우 4살밖에 안 되었으니, 동생을 봐 줄 사람이 없어서 결석이 잦았다. 그때는 상위 몇 명을 제외한 대부분 애가 공부에는 담을 쌓고 살아도 학업에 아무런 지장이 없을 때이니 결석이 잦은 건 비단 나뿐만이 아니었다.

　사오 학년쯤 되어서야 동생을 데리고 학교에 가기도 하고 동생이 초등학교에 입학하면서 나는 제대로 학교에 다니는 아이가 되었다. 그제야 공부해야 한다는 것을 알게 되었던 것 같다. 6학년 담임선생님께서 주시는 당근, 시험 잘 보면 다른 애들보다 조금 큰 식빵을 주는 유인책은 나를 열심히 공부하는 어린이로 만들었고 비로소 공부 잘하는 아이가 되었다. 오늘날 초등학교 친구들의 기억 속에 공부 잘하는 아이로 남게 되었던 것은 바로 그때인 것 같다.

　오십여 년 만에 만난 친구들은 마치 매일 만난 것처럼 스스럼없이 어울리기 시작한다. 순천 국가 정원 박물관, 전라도가 순천만의 습지를 이용하여 만든 인공 정원이다. 말로만 듣던 그곳으로 초등 친구들과 들어갔다. 그 넓은 정원을 한 바퀴 돌자고 생각하니 날씨는 덥고 숨이 턱까지 차오른다. 때마침 한 친구가

"아이고 다리야"라며 주저앉는다. 꼬마 열차를 타고 돌자는 투정이다. 모두 못 이기는 척 찬성이다. 나 또한 마찬가지이다. 사진을 찍는 것도 아니고 나무숲도 아닌 정원을 뙤약볕 아래 걸을 생각에 걱정이 앞섰는데 다행이다 싶어 얼른 찬성했다.

기차를 기다리며 우리는 마치 초등학교 시절 소풍 가는 아이들처럼 재잘거린다. 얼굴에는 나이테를 깊게 이어 붙이고 몸은 옆으로 사정없이 불린 늙은 아이들이 되어 소풍에 나선 셈이다. 그 재잘거림은 꼬마 기차가 멈추어 설 때까지 그칠 줄 모른다. 무슨 사연이 그리도 많은지. 하긴 50년 세월을 쌓아온 사연들이 쏟아져 나오는데 그게 그리 간단히 끝날 일은 아니지 않은가. 정원을 다 돌 때까지 수다는 끝없이 이어졌다.

40여 명의 어른이 관광버스에 몸을 싣는다. 부산으로 향하는 길이다. 음악이 흐르기 시작한다. '돌리도 돌리도', '저 세월은 고장도 없네', '청춘아 네 청춘아' 귀에 익은 듯 낯선 음악이 정신을 혼미하게 한다. 조금 있으려니 자동차가 들먹거린다. 볼륨을 높인 음악 소리에, 들썩거리는 자동차의 움직임에 머리가 어질어질해지며 멀미가 난다. 눈을 감고 조용히 의자에 머리를 기대어 본다.

50여 년 전 초등학교 때의 모습이 흑백영화의 한 장면처럼 영상이 되어 지나간다. 운동장에서 고무줄놀이하던 모습, 해수욕장에서 멱을 감던 모습, 집게를 들고 송충이를 잡던 모습들, 친구들과 다투던 모습까지 어느 것 하나 그립지 않은 것이 없다. 혼자 슬며시 미소 지으며 눈을 떴을 때 나는 이미 자동차 안의 분위기에 젖어 들어 그네들과 한 몸이 되어가고 있었다. 이런 것이 고향의 맛이다. 이런 것이 벗들과 만남이다.

우리가 이리되어 머리에 하얀 눈을 소복이 쌓고 만날 줄이야. 케세라세라, 이제 우리들의 나이 60이 되었으니 다시 새로운 인생을 향한 출발 선상에서 고장도 없는 세월의 시곗바늘을 다시 돌린다. 인생은 60부터라니 새로운 인생을 향해 다시 나아가 보는 것이다. 케세라세라! 오늘은 될 대로 되어라. 내일을, 내 인생을, 내 멋대로, 내 맛대로 살아가리니.

다시 시작하는 우리네 인생엔 푸르른 숲과 쪽빛 바다의 넘실대는 파도처럼 찬란함이 가득하기를 기대해 본다. 1박 2일을 끝내고 돌아서는 우리들의 손에는 부산 국제시장의 명품 멸치와 해산물이 가득 든 내 키만 한 비닐봉지가 들려졌다. 그때나 지금이나 식구들 걱정에, 자식들 걱정에 친구들이 마련한 행복 꾸러미이다.

2017. 6. 27.

고등어에 대한 소고

한밤중에 목이 말라 냉장고를 열어보니
한 귀퉁이에 고등어가 소금에 절여져 있네.
어머니 코 고는 소리 조그맣게 들리네. (중략)
나는 내일 아침에는 고등어구일 먹을 수 있네.
나는 참 바보다 엄마만 봐도 봐도 좋은걸

 이 노래를 부른 중견가수? 아니 이젠 원로가수가 되었다고 할 수 있다. 가수 김창환의 노래 「어머니와 고등어」의 가사 중 일부이다. 가수 김창환이 애잔하고 말하는 듯한 음률로 가슴을 파고들며 어머니에 관한 생각을 다시 하게 하는 애틋한 노래다.
 무더위가 보름째 기승을 부린다. 24년 만의 더위라는 올여름 더위 때문에 나는 요즘 바깥이 무섭다. 에어컨이 연일 돌아가는 집을 떠나 주차장까지 가기도 겁이 날 정도이다. 이런 여름날이면 삼계탕 정도는 먹어줘야 할 판이지만 삼계탕 먹으러 가는 것도 겁이 난다. 오늘 아침은 차선책으로 냉장고 속 고등어라도 한 마리 구워야 단백질을 보충하겠다 싶어 더위를 무릅쓰고 해피콜의 신세를 졌다.

어머니가 담가준 열무 물김치, 가지 간장조림. 멸치볶음, 생두부 한 조각에 묵은김치를 얹었다. 보리쌀과 현미, 흑미에 검은콩까지 넣어 갓 지어낸 잡곡밥을 뜨고, 채 썬 무로 끓인 된장국을 상에 차렸다. 먼저 시원한 물김치 한 숟갈로 목을 축였다. 다시 이어 따끈한 밥 한술, 이어서 차려진 반찬을 골고루 먹고 나니 허리가 쭉 펴진다. 꼭 삼계탕이 있어야 맛인가? 맛있게 먹는 밥이 보약이라 했으니. 오늘 아침은 이것으로 보약 한 봉지보다 더 좋은 보약을 먹은 셈이라 여기며 설거지에 돌입한다.

설거지 마지막 단계, 묵직한 해피콜 세척 단계이다. 생선구이용이라 무쇠로 만들어진 것이니 세제를 쓸 수 없어 항상 마지막 단계로 밀리는 것이다. 뚜껑을 열고 베이킹소다를 풀어 넣은 후 기다렸다가 온수에 씻어내면 된다.

뚜껑을 열었다. 앗! 토막 난 생선이 노릇하게 구워진 그대로 얌전히 누워 있다. 무더위에 온도가 올라갈 것이 걱정되어 창문 여는 것마저 무서운데도 불구하고 구워낸, 오직 오늘의 주요 단백질 공급원 역할을 해야 할 생선 토막이 빙그레 웃는다. 마치 '잊었지, 어쩌나' 하고 말하는 것 같다. 이런 경우를 일컬어 어이상실이라 하나 보다. 오늘 아침 밥상은 인삼 빠진 삼계탕을 먹은 셈이 아닌가.

치매인가? 갖은 생각이 꼬리를 물고 머릿속으로 몰려든다.

22살 때인가로 기억된다. 그해 여름도 올해처럼 더웠던 것 같다. 생애 처음 서울 여행을 끝내고 돌아온 나는 간이 부었다는 진단을 받았다. 황당한 짓을 한 것도 없는데 말이다. 지인들은 조금 있으면 간이 배 밖으로 나올지도 모른다며 농담 반, 걱정 반으로 빨리 치료받으라고 권했다. 결과적으로 당분간 집에서 쉬고 치료받아야 한다는 것이다. 예나 지금이나 노는 것도 일하는 것도 미친 듯이 하는 성정 탓에 과로로 인한 병에 자주 걸린다. 지금 같으면 맛있는 것 많이 먹고 푹 쉬라는 의사의 처방이 일반적이겠지만, 그때는 일단 돼지고기, 비늘 없는 생선이 금식 목록에 해당하던 때이다. 왜였는지, 아마도 냉장고가 없어서인지도 모르겠다.

집에서 쉬고 있는데 친구가 연락이 왔다. 아프다니 병문안을 올 예정인데 무얼 먹고 싶냐는 물음에 선뜻 고등어라고 대답했다. 친구는 몇 마리의 날 고등어를 사 들고 왔다. 냄비에 넣고 무와 간장을 넣어 조렸는지 맛있게 먹었던 기억이 난다. 들일을 끝내고 오신 엄마가 야단이 나셨다. 아픈 딸년이 비린 생선을 먹었다니 병이 덧나면 어쩌느냐고 호된 꾸지람을 들었다. 지금 생각하면 참 억울한 꾸지람이다. 어쩌면 그 고등어 반찬이 내 병을 빨리 호전시켰을 수도 있는데 말이다. 그때의 의사는 돼지고기도, 비늘 없는 생선도 먹지 말라니 비싼 소고기나 도미 같은 것만 먹으려면 서민들이 가당키나 한 소리인가. 그냥 풀만 먹으란

소리나 매한가지인 셈이다.

　그 어이없는 고등어 사건 이후에도 나는 좋아하는 생선이 아직도 고등어이다. 팬에 기름 없이 구우면 자신의 기름기를 한껏 뿜어내어 먹음직스러운 빛을 내는 간고등어의 짭조름한 맛이 식욕을 돋우기 때문이다. 나는 아마도 입맛이 참 싸구려인 것 같다. 서울에서 생활하기 시작하고부터 한동안 고등어를 먹지 못했다. 서울의 시장에 질펀하게 놓인 생선의 눈빛을 보면서 그 신선도가 의심스러워 도저히 살 용기가 나지 않았다. 시장에 나와 있는 고등어의 눈빛이 마치 섹시 여가수 K양의 노래 부를 때 관능미를 더 많이 내기 위해 취하는 한물간 생선 눈빛 같다는 생각이 들기 때문이다. 아마도 이런 눈빛의 생선을 먹는 것을 염려한 그 의사도 고등어 먹기를 금기시켰을지도 모른다.

　지금이야 갓 잡아 올린 고등어를 급속 냉동시키면 일 년이 지나도 신선한 맛을 유지할 수 있어 가을 고등어가 자신의 맛을 한껏 품었을 때 사두었다가 일 년 내내 먹으면 되는 좋은 세상이 되었으니 걱정할 이유가 없다. 그렇다고 내가 다른 생선을 싫어한다는 것은 아니다. 나도 비싼 제주도 은갈치도 좋아하고, 도미나 굴비도 좋아한다. 다만 가성비가 제일 좋고 오메가3가 다량 함유되어 있어 영양가 높으며, 가시가 없어 먹을 때 인건비가 저렴한 고등어에 대한 애정이 남다르다는 정도라고 해두고 싶다.

　다음 식사에 데워 식탁에 올린 고등어는 맛이 한참 떨어졌다. 그래도 삼계탕 끓일 에너지도, 먹으러 갈 용기가 없으니, 이것으로 오케이 하기로 하자, 마음먹어서인지 예의 그 맛이 살아나는 느낌이다.

　오늘은 꺼내 놓은 해피콜이 없는 것으로 보아 구워놓은 생선은 없으니 잊은 게 없는 모양이다. 시원하게 국물이 우러난 열무 물김치를 한 수저 떠먹으며 더위를 달랜다. 그리고 그날 잊어버린 팬 속의 고등어가 치매의 전조는 아닌 것으로 하기로 한다.

2018. 7. 27.

내 피의 맛

마른장마가 계속되던 지난해와 달리 올해는 장마다운 장마가 온 모양이다. 비가 많이 와서 북한에서 무단으로 댐을 방류할지도 모르니 미리 조심하자는 소식이 전해진다. 해마다 비가 많이 와서 상류의 댐에도 물이 가득 넘쳐나고 길가에 낀 해묵은 때도 벗겨내야 대기질도 좋아진다고 한다. 산악이 70% 이상이라는 우리나라의 산야도 물을 머금어 더더욱 싱싱해질 것이다.

사나흘 내리 내리던 비가 그친다는 일기예보이다. 장마철에는 으레 일기예보에 민감할 수밖에 없지만, 내가 유독 일기예보에 관심이 있는 것은 상도동의 밤골마을 촬영 때문이다. 지난 촬영에서 얼마 남지 않은 상도동의 밤골마을, 낡은 지붕의 모습이 사진 촬영 콘셉트가 되었다. 비가 온 뒤의 촉촉이 젖은 낡은 지붕과 개발이라는 핑계로 사라지기 전, 밤골의 예스럽고 소담스러운 분위기를 담고 싶기 때문이다.

안개까지 낀다는 예보가 있던 날 이른 새벽, 그 좁은 골목길에 안개가 깔리면 정겹고 소박한 모습이 될 거라는 확신으로 액셀을 밟는다. 그러나 도착한 곳엔 안개는 그림자도 비치지 않았다. 아마도 안개는 이곳을 비켜 간 모양이다. 산동네여서 이른 새벽이면 당연히 안개 속에 묻혀 있을 것이라 상상했던 내 예상은 빗나가고 말았다.

사진은 그림과 달리 날씨가 그날 작가의 운명을 좌우한다는 누군가의 말이 실감 나는 날이다. 그렇다고 카메라 파인더에서 눈을 뗄 수는 없다. 아직 이슬에 젖은 낡은 기와지붕과 물이 새는 걸 방지하기 위해 얼기설기 지붕 위에 덮어 놓은 방수포, 그 위에 얹어진 낡은 타이어와 모래주머니 등이 오늘 내 눈에 사로잡힌 피사체이다. 마치 그리스의 산토리니의 지형을 연상케 하는 산동네는 뒷길에 서면 아랫집 지붕이 발아래에 있다. 그 지붕엔 몰래 피어난 나팔꽃과 잡풀이 무성하다. 그 낡은 지붕과 잡풀의 어울림을 카메라에 담는다.

낡은 지붕의 사진을 찍기 위해 불가피하게 우리는 잡풀이 무성한 곳으로 들어설 수밖에 없었다. 장마철 동안 열심히 종자번식을 한 모기가 우르르 몰려나온다. 예상치 못한 적을 만난 셈이다. 이것도 경험 부족인 셈이다. 당연히 이런 곳에 오려면 모기 퇴치제를 준비해야 했지만 방심한 탓이다. 그렇다고 물러설 수 없는 노릇이니 어쩔 수 없이 모기에게 헌혈할 수밖에. 이곳저곳 간지럽고 따끔거렸지만 촬영하느라 정신이 팔렸는지 한참 동안을 그들의 배를 채워주고 말았다.

　촬영 시간에 맞추려고 새벽에 못다 잔 잠을 보충하느라 세상 모르게 자고 나니 저녁 시간도 훨씬 지나 버렸다. 동행한 친구가 전화 와서야 잠에서 깨었다. 전화기 저편 친구는 모기 물린 곳 괜찮으냐고 묻는다. 그제야 생각이 났다. 나는 조금 근질거리긴 하지만 괜찮다고 말하자, 그 친구는 난리가 났단다. 스테로이드제를 바르고 찜질도 하는데 가라앉을 기미가 안 보인단다. 걱정되는 마음에 얼른 병원에 가 보라며 위로했다.

　똑같은 곳에서 모기에 물렸는데, 나는 그저 조금 가려운 정도라니 믿기지 않는단다. 아마도 "내 피는 맛이 없어서 많이 안 빨렸나 봐"라고 말하자, 그 친구는 그럴 리가 있냐며 웃는다.

　어쩌면 사실인지도 모른다. 어린 시절의 기억이다. 여름이 되면 모기장이 모자라니 온 식구가 마루에 모기장을 크게 쳐놓고 모두 그 속에 들어가 잠을 잔다. 아침에 일어나면 서로가 모기 물렸다고 야단인데 나는 아무렇지도 않았다. 번번이 안 물렸다고 말하는 내게 오빠는 약이 올랐는지 네 피는 맛이 없어서 그렇다고 했다. 피도 맛이 있냐며 묻는 내게 오빠는 당연히 맛이 다르단다. 어릴 때는 그 말이 참 이상했다.

　사실 그런지도 모른다. 나는 유독 벌레에 쏘여도 지금까지는 크게 덧나는 일이 없다. 그저 조금 가렵다가 그친다. 모기나 벌레도 내 피가 다른 사람의 피보다 맛이 없으니 대충 빨고 그만둔다는 오빠의 지론이다. 괜히 뽀로통해진 나는 오빠는 엉터리라며 눈가에 눈물이 그렁그렁 매달렸다. 별거에 다 눈물 바람이냐며 눈을 흘기는 오빠에게 혀를 내밀다가 혼날 뻔도 하고. 어쨌든 오늘도 여전히 맛이 없는지도 모르는 내 피 덕에 내 팔과 다리, 목덜미는 성한 채로 남아 있다.

  맛이 없다는 내 피가 생리적으로나 임상적으로 좋은지 나쁜지는 아직 모르겠다. 어쩌면 링거주사 맞는 시간이 다른 사람보다 유독 긴 것도 그 탓인지도 모르지만, 오늘의 촬영장에서 수없이 모기에게 공격당한 내가 멀쩡한 것을 보면 오늘도 여전히 내 피 맛 덕에 나는 모기와의 전쟁에서 전승을 거두고 있는 셈이다.

  오늘의 내 피 맛이 모기에게 맛이 있었건 없었건 일단 나는 모기 군상들에게 공격당할 때도 항상 유리한 고지를 점령할 수 있다는 사실은 기분 좋은 일이다. 다만 내 맛없는 피맛이 내 건강에 나쁜 영향을 끼치진 않았으면 좋겠다.

2016. 7. 19.

좋은 마음으로

　새봄이 되니 길가에 벚꽃도 흐드러지게 피고, 순서 없이 피운 개나리 목련까지 세상이 온통 꽃 천지이다. 사람들은 모두 꽃구경에, 해외여행에, 나들이에 여념이 없다. 여느 때 같으면 벌써 여러 번 들로, 산으로, 바다로 나들이를 다녀왔을 터이지만 교통사고 후유증이 아직도 날 붙잡고 있어 이 화창한 봄날에 먼 산만 우두커니 쳐다보는 신세가 되고 말았다.
　인생은 어차피 다사다난의 연속이다. 누가 알았으랴. 지금의 내가 이 모양 이 꼴이 되어 꼼짝 못 하는 신세가 되어 벌릴 줄. 이런 것들을 진작 알았더라면 인생의 순간들이 많이 달라졌을까? 알 수 없다. 아니 어쩌면 정말 아주 재미없는 시간이 되어 버렸을지도 모른다. 미래에 대한 기대감이나 도전도 못 해보고 이미 알아버린 미래를 한탄하며 무료한 시간만을 보냈을지도 모를 일이다. 그러니 오늘 우리가 알지 못하는 미래에 대한 기대감이나 설렘이 미래를 준비하게 하여 지금의 시간을 풍요하게 하고 있는지도 모를 일이란 생각이 든다.

교통사고가 난 지 벌써 7개월이 지나가고 있다. 셋이 같이 당한 교통사고로 다른 두 친구는 벌써 다 나았는지 보험회사와 합의했다는 소식이 왔다. 나는 아직도 여전히 많이 불편하기만 하니 이래저래 짜증이 난다. 요즘은 교통사고 환자에 대한 홀대가 이만저만이 아니다. 어디가 뚝 부러지거나 중증 환자가 아니면 치료받는데 많은 제약을 받는다. 그동안 교통사고 환자들이 도덕적 해이를 저지른 탓에 과다진료를 막으려는 시책 때문이라 한다. 그렇다고 민간 보험회사의 감독을 건강보험심사평가원의 제재를 받게 하였으니, 국민이 낸 건강보험료 수가를 평가하는 평가기관이 민간 보험회사의 보험금이 쓰이는 경로까지 감독하는 것이 타당한 것인지 모르겠다.

어찌 됐든 그런 탓에 교통사고 환자가 치료받아야 할 항목에 제동이 심하게 걸리다 보니, 어떤 이는 귀찮아서 건강보험을 적용받아 치료받아 버리기 일쑤이다. 결과적으로 민간 보험회사(자동차보험사)의 보험금 경감을 위해서 건강보험 재정이 쓰이는 악순환이 일어나고 있다. 이것이 도대체 어떻게 돌아가는 것인지 한심하기 그지없다. 이래저래 짜증만 늘어난 나도 빨리 자동차 보험회사와 정리하고 싶어져서 덜컥 합의란 걸 해버렸다. 지금 생각하니 무어가 그리 급했는지 어이가 없다. 딴은 좀 더 나은 치료를 받아 빨리 나으려는 생각이 나를 그리 만들었음이 사실이다. 어쨌든 향후 치료비까지 계산해서 받았어야 했는데 나도 나이를 먹고 있음인지 합의를 하고 나서야 그 생각이 났다. 나이를 먹으면 다양한 사고를 하는데 문제가 생길 수도 있다는 누군가의 얘기가 귓전을 맴돌아 마음이 쓸쓸해진다. 아마도 복잡함이 싫어서 짐짓 생각을 놓아버려서인지도 모른다. '이런, 이런' 하고 머리를 쥐어박으며 후회해 봐도 이미 버스는 떠나 버렸다. 며칠을 내 어리석음에 약이 올랐지만 어쩔 수 없이 나를 위해서 나를 달래보는 수밖에. 학교 후배라며 찾아와 간절한 눈빛을 보내는 보험회사 직원의 설득에 슬쩍 넘어가 버린 내 탓이니 어쩔 수 없는 일이다.

  버스를 타고 따사로운 햇살이 비치는 차창 밖을 보며 쏟아지는 졸음을 쫓으려는데 문득 빌딩 위에 보험회사 광고판이 눈앞에 클로즈업된다. 맞아, 상해보험 가입한 거 있지. 십수 년 전 친구가 보험회사 다닌다며 찾아와 들어 달라기에 마지못해 가입해 두었던 보험이다. 사실 그때는 속으로 싫었지만 내색할 수 없는 사이라 할 수 없이 가입했었다. 요즘 나이를 먹으니, 그것들이 효자 노릇을 톡톡히 한다. 연금보험, 실손 보험, 상해보험 등등. 집에 오자마자 십 년이 지난 보험증서를 찾아 꼼꼼히 살폈다. 상해보험이란 대체로 뼈가 부러지거나 등급을 받을 만큼 장애가 생긴 경우에 지급되는 것이 다반사이다. 그럴 만큼 다친 것이 아니니 해당 사항이 없겠다 싶었지만, 혹시나 하는 마음에서이다.

그런데 증서를 보는 순간 번쩍 들어오는 내용, 상해 및 재해의 경우 외래 일일 당 만 원씩 준단다. 2011년에 교통사고, 2015년 2월엔 발목 접질리기, 2015년 8월엔 교통사고이니 모두 해당이다. "와우" 땡잡았다. 사실 이런 표현이 지금의 내게 들어맞는지는 생각이 많아지는 건 어쩔 수 없지만. 꽤 많은 돈이 나를 위해 대기하고 있다. 그렇다고 수백만 원, 수천만 원은 아니지만, 10여 년이 지나 이미 잊어버린 보험료에 대한 대가가 내게 다시 돌아오는 것이니 마치 공짜인 것처럼 느껴지는 건 사실이다.

물리치료를 받으며 자초지종을 이야기했다. "잘 되었네요" 하며 물리치료사가 같이 기뻐해 준다. 몇 년 전 이미 하늘나라로 가버린 그 친구가 생각났다. 그리 어려운 형편도 아닌 그 친구가 일이란 걸 해보겠다며 나선 보험 설계사 일 때문에 나에게 주어졌던 보험이다. 그래, 기왕 나선 길이니 열심히 해보라며 제주에서 날아온 그녀를 위해 가입했던 보험이 그녀가 하늘나라로 가버린 오늘에야 나에게 효자가 되어 돌아왔다. 아마도 하늘에서 그 친구가 보고 있다면 그때 내게 숨겨 두었던 미안했던 마음을 거두고 그것 보라며 즐거워 해 주었을 것이다.

세상사는 참 기이하다. 여느 때는 이런 모습으로 여는 때는 저런 모습으로 내가 준 만큼, 아니 그보다 더 크게 돌아와 나를 기쁘게 한다. 오늘 나를 위해 2년여 동안 열심히 물리치료를 해 준 그 치료사도 다른 곳으로 간다는 소식이다. 일견 섭섭하고 또 다른 이를 맞이해야 함이 번거롭지만, 어찌할 수 없는 일이다. 그에겐 그 나름의 인생 설계가 있을 테니까. 10여 년 전 좋은 마음으로 친구에게 가입한 보험금이 오늘 나에게 돌아와 기쁨을 준 것처럼 그도 좋은 마음으로 보내드리자. 어느 날엔가 다시 돌아와 줄 기쁨을 위하여.

  좋은 마음으로 행해졌던 일은 꼭 좋은 마음으로 다시 돌려받는 것 같다며 전하는 내 보험금 얘기에 옳은 말씀이라며 유쾌하게 웃어준다. 그리고 정성을 다하여 치료해 준다. 다음 주에는 그동안 나를 위해 고생해준 물리치료사에게도 이별의 선물을 하나 준비해야겠다. 좋은 마음으로….

2015. 4. 14.

김치 구하기 프로젝트

　빨갛게 익은 김치, 손으로 쭈욱 찢어 입에 넣으면 알싸하고 시원한 깊디깊은 맛이 심장마저 떨리게 한다. '김치만 있으면 밥 한 공기 뚝딱'이라는 말이 실감이 뚝뚝 난다.
　신축년 새해, 1월 1일이다. 만두 빚어 놓았다며 먹으러 오라는 어머니 말씀에 얼른 자동차에 올랐다. 매년 묵은지에 두부, 돼지고기 등을 넣은 만두 빚어 먹기는 어머니의 연례행사이다. 신정 때면 만두를 빚고, 정월 대보름이면 찰밥에 갖은 나물을 잊지 않고 챙기시는 어머니의 행사는 달력에 표시해 놓지 않아도 꼬박꼬박 잊지 않으신다. 연세 드셨으니 이제 그만하셨으면 싶어 그만하시라고 말씀드렸다가 섭섭함만 더해드린 날 이후로 우린 그저 먹으러 오라면 두말없이 가서 맛있게 먹는다. 삼사백 개의 만두를 만들고 찰밥에 약밥까지 하시느라 지친 모습이 역력한데도 하시지 말라는 말씀을 못 하는 것은 맛있게 먹어 드리는 게 효

도일지도 모른다고 생각하면서다.

　큰 밥상에 올려진 만둣국, 찰밥, 갖은 나물, 시원한 동치미, 알맞게 익은 김장배추김치의 색깔이 유난히 빨갛다. 동생이 쭉 찢어 손에 들고 밥 한술에 올려놓고 먹는 모습이 유난히 맛있어 보인다. "언니, 다른 반찬 없어도 돼. 김치만 있으면 밥 한 그릇 뚝딱이겠는데"라고 한다. "그래?" 나도 한 입 먹어본다. 정말 딱 알맞게 익은 김치맛이 일품, 아니 특품이다.

　근데 우리 김치는 왜 이 맛이 안 나지? 익히는 방법이 틀렸나? 어머니가 들으실까 염려되어 동생한테만 살짝 말했다. "그래? 왜 그래?" "너흰 어때?" "우린 괜찮은데?" "너흰 익힌 후 넣었어?" "응, 하루 밖에 두었다가" "그래?, 난 어머니가 그냥 넣으래서 넣었어, 작년에도 그냥 넣었는데 맛있었는데?" 어머니가 밥상 앞으로 오시는 바람에 김치 얘기는 중단되었다.

　혼자만이 고민이 시작되었다. 왜 그럴까? 똑같이 한 김장 맛이 왜 우리 것만 그럴까? 딴 집도 그런 줄 알고 어머니께서 연세가 드시니 맛감각을 잃으셨나 괜히 안타까워했다.

　어머니가 챙겨주신 만두랑 반찬거리를 잔뜩 들고 집으로 돌아왔다. 우선 김치냉장고부터 열고 김치를 다시 한번 먹어봤다. 여전히 잘 익지도 않았고, 군내마저 날려는 참이다. 김칫국물은 희멀겋게 보이고 물이 떠다니는 듯하다고나 할까? 어쨌든 어머니네 김치랑은 전혀 다른 색깔과 맛을 지녔다. 한참을 들여다보다가 냉장고 뚜껑을 닫고 돌아서려는 찰나이다. 냉장고 표시기 온도 맞춤에 '강'이라는 불이 들어와 있는 것이 보였다.

'어? 이것 때문인가?' 온도가 너무 낮아 안 익은 것이 아닌가 싶었다. 그럴 수도 있겠다는 생각. 이제라도 표준으로 내리면 될까? 하는 생각을 끊임없이 하다 표준온도로 내렸다. 그리고 3일이 지났다. 맛은 역시 마찬가지이다. 시간이 너무 짧긴 하지만, 고생스럽게 만들어 준 김장이 관리 소홀로 버릴지도 모른다는 생각에 어머니께 죄송하고 속이 상했다. 김치 없이 지낼 올겨울이 무척 쓸쓸할 것 같기도 하다.

목요일, 학교도 가지 않아 집에 있는 날이다. 다시 김치냉장고에 눈이 간다. 돋보기까지 쓰고 김치냉장고 설명서를 들여다봤다. 새로 살 때 한번 쓱 보고 마는 설명서에는 익힘, 발효과학 등 여러 가지 기능이 있다. 무얼 해볼까? 어떤 기능을 사용해 보면 김치 맛을 구할 수 있을까? 일단 가장 쉬운 원시적 방법으로 가 보기로 했다. 익힘 기능, 유사 이래, 김치냉장고가 없던 시절에 자연의 섭리에 따라 익어가던 그 기능인 셈이다. 익힘 기능을 선택하자 '1일'이라는 문자가 뜬다. 자세히 읽어보니 1일 동안 25도 정도의 온도에서 익히는 기능이다. 그렇게 1일을 두어보고 덜 익으면 두 시간 정도 더 추가할 수도 있다. '익힘'이라는 메뉴를 설정했다. 24시간이 지난 다음 날 아침, 냉장고 문을 열었다. 냉장고 안이 훈훈하다. 표준으로 설정을 바꾸고 뚜껑을 닫았다.

그리고 다시 하루를 기다렸다. 냉장고가 차가워질 시간을 주기 위함이다. 하루가 지난 후 냉장고 문을 열고 김치통을 열었다. 김치 냄새가 확 풍겨온다. 겉잎을 걷어내고 김치 한 포기를 쑥 들어 올렸다. 빨간색의 배추김치 속살이 탱글탱글한 모습으로 웃는다. 큰 접시에 올린 후 한 잎 떼어내 먹어보았다. 성공이다. 익힘 기능 하루 만에 어머니 댁에서 먹던 '밥 한 그릇 뚝딱'이 완성되었다. 밥도 안 먹고 다시 한 잎을 통째로 뜯어내어 먹어보았다. 입안이 얼얼하게 맛있다. 얼른 밥을 지었다. 잡곡은 넣지도 않았다. 그냥 흰쌀밥에 김치만 먹고 싶어서이다. 흰 쌀밥을 소복이 올린 밥그릇에 둥치만 뚝 자른 김치 한 잎을 올려놓고 입을 크게 벌려 한입 가득 밀어 넣는다.

'바로 이 맛이야!'라는 말은 이럴 때 쓰는 거다. 대한민국 김치냉장고 성능 만만세다.

그렇게 우리집 김치 구하기 프로젝트는 성공적으로 완수되었다.

괜스레 어머니 손맛이 변한 게 아닌가 생각한 게 죄스럽기만 하다.

2021. 1. 3.

혜존

나의 첫 수필집 『나 할리 타는 여자야』를 초등학교 1~2학년 담임선생님이셨던 김정열 선생님께 드릴 수 있어 정말 기쁘고 감개무량했다.

S초등학교 동문회가 열리던 9월 8일 이 책을 받아 읽어본 초등학교동문회 회장인 선배가 문자를 보내왔다. 미처 읽지 못해 쌓여 있는 신문 사이에 숨 막히듯 끼어 있던 책 『나 할리 타는 여자』가 눈에 띄더란다. 늦게까지 마신 술이 취기가 올라와 흐릿한 정신으로 집어 든 책 속의 내용이 눈길을 확 끌어당겼다고 한다. 고등학교 선배이자 초등학교 선배이기도 한 그분의 기억 속 어딘가에 숨겨진 옛 추억 한 토막이 마음을 움직이게 하였는지 모른다. 삼미빵집의 추억도, 삼양해수욕장의 추억을 공유하였을 터이니 아마도 아련했던 어린 시절의 추억을 떠올렸으리라. 동문회에 꼭 나오라는 전화에 미적미적 대답을 미루는 나에게 시간

조절을 잘해 보라고 하며 전에 없이 전화를 툭 끊어 버린다.
 조금 후, 총무를 한다는 후배 L에게서 전화가 왔다. 회장님께 들었다며 책을 많이 가지고 오란다. 갑자기 어리둥절했다. 나갈까 말까 망설이던 내가 확 정신이 들었다. 겨우 두어 번 억지로 나가던 나 자신이 갑자기 부끄럽고 미안해지기 시작했다. 이렇게 되어버렸으니 안 갈 수도 없어 기대 반 미안한 마음 반인 마음으로 책을 들고 나갔다. 종로의 L 빌딩 5층에 있는 뷔페식당에는 20여 명 남짓한 선, 후배들이 와 있었다. 동향인 사람들이라서인지 진한 제주도 사투리가 몇 차례 오가더니 금방 분위기가 훈훈해지고 있었다.
 이어 사회자는 나를 소개했다. 간단한 인사와 함께 사인을 마친 책을 나눠 드렸다. 갑자기 나의 날이 되어버렸다. 그런 자리를 마련해 준 운영진에게 미안하고 고마운 마음을 전달하며 어쩔 줄 모르는 나에게 또 다른 주문이 이어진다. 주문을 하신 분은 출판사 대표를 하시는 분으로 느닷없이 낭송을 주문한다. 한 번도 해본 적이 없는 낭송이니 당연히 어색하고 쑥스럽기만 하다. 그냥 줄줄 읽고 말았다. 모양새가 아주 엉망인 것은 당연하다. 하지만 모두 어색하고 쑥스러워하는 후배를 따뜻한 웃음으로 격려해 주었다. 칭찬과 격려의 말씀이 한 순배 돌아갈 무렵, 나는 그 출판사 대표를 하신다는 분에게 모친께서 담임이셨으며 책 속에 등장하신다는 설명을 해드렸다. 그렇다면 당연히 책을 드려야 된다며 얼른 사인해서 달라고 하신다. 기쁜 마음에 얼른 봉투에 넣어드렸다.

'김정열 선생님 혜존'(삼양초등학교 26회, 고 양규옥의 여식).

이 책이 혜존이란 말을 처음 사용한 책이다. 출판사 대표이신 선배님은 책을 누군가에게 드릴 때 이름 다음에 '혜존'이라고 쓴다고 알려주신 분이다. 처음 안 내용이라 그 자리에서 다시 쓰기도 뭣해서 다음부터 그러겠다고 하고 지금은 서툴러서 그런 것이니 이해해 주십사고 하였더니 허허 웃으시며 그런다고 하셨다. 처음 하는 일이니 당연히 서툴 수밖에 없지만, 나무라지 않고 받아주시는 마음이 한없이 고맙고 기뻤다.

노 스승은 86세의 노령임에도 불구하고 보내드린 책을 거의 읽으신 모양이다. 점심시간이 조금 지나서 아드님을 시켜 전화를 주셨다. 전화기 너머의 음성은 여전히 50여 년 전 '참새 짹짹' 하시던 그 음성이다. 그분은 내가 다닌 S 초등학교 출신이라면 모두가 담임을 하셨을 만큼 오래도록 그 학교에 계시면서 주로 1~2학년 담임을 하셨다. 아마도 지금 오 육십 대가 된 그 학교 출신이라면 거의 전부 그분의 제자일 것이다. 자상하고 엄마 같은 분으로 실제로 3명의 자녀를 키우고 계셨다. 전화기 저편 선생님의 모습은 아직도 내게는 50여 년 전 그 모습 그대로이다. 내 모습을 정확히 기억하시는 그분은 우리집도, 우리 오빠들의 모습까지 모두 기억하고 계셨다. 한참을 격려해 주시고 칭찬해 주시니 기쁘고 고마운 마음을 주체할 길이 없었다.

문득 선생님과의 일화가 번개처럼 떠올랐다. "선생님 제게는 선생님과 아주 재미있는 일화가 있었습니다."라는 말이 채 끝나기도 전에 무척 궁금하신지 어서 말해보라고 하신다.

그때의 우리나라 경제 상황은 형편없는 편이었으니 너도나도 점심 식사는 물론이고 끼니 때우는 것마저 힘들던 때였다. 아마도 외국의 원조를 받아 이루어졌을 것으로 짐작된다. 점심을 못 먹는 어린이들에게 노란 강냉이빵이 지급되던 때이다. 점심 못 먹는 사람 손들라는 말에 손을 번쩍 들어 그 맛있는 냄새와 김이 모락모락 나는 강냉이빵을 받아 호기롭게 먹고 집으로 왔다. 빵을 먹었다고 지금처럼 밥을 안 먹을 리 만무한 나는 동생과 함께 점심밥을 먹고 있었다. 물론 우리집도 나이 든 오빠나 엄마는 점심을 거르고 있긴 했지만, 동생과 나는 어린 나이여서 점심을 먹고 있었다.

그런데 갑자기 올레길을 걸어오시는 담임선생님이 눈에 들어왔다. "호인이네 집 맞지요?" 하시며 대문도 없는 마당을 지나 툇마루를 향해 오시는 선생님을 보는 순간 나는 깜짝 놀라 심장이 멎어 버리는 줄 알았다. 밥 먹던 숟가락을 집어 던지고 걸음아 날 살리라 하고 방으로 도망갔다. 왜 그러냐며 의아해하는 엄마에게 선생님은 웃으시며 "그냥 두세요" 하시고는 툇마루에 앉으셔서 괜찮다며 나오라 하신다. 나는 절대 나갈 수가 없었다. 엄마는 속도 모르고 선생님께 인사도 안 드린다면 야단이시다. 그래도 나는 절대로 나갈 수가 없었다. 선생님은 엄마랑 말씀을 나누시더니 괜찮으니, 학교에서 보자며 돌아가셨다. 선생님이 가신 후 엄마는 인사도 제대로 못 한다며 한참을 야단치셨지만, 나는 빵 이야기를 할 수가 없었다. 거짓말을 한 것이 무섭기도 하고 어쩌면 엄마가 슬퍼하실까 그랬는지도 모르겠다.

다음 날 나는 학교에 가는 것이 두려웠다. 거짓이 탄로 나버렸으니, 선생님이 무섭기도 하고 부끄럽기도 했기 때문이다. 잘 기억나지는 않지만, 간신히 학교에 간 나는 선생님 얼굴을 쳐다보지도 못했을 것이다. 그러나 그 때문에 야단맞은 기억은 없으니, 선생님께서는 모두 이해하고 용서해 주신 모양이다. 불과 9살밖에 안 된 나에게 밀물처럼 몰려왔던 부끄럽고 용감했던 조그만 일화가 오늘 선생님의 목소리를 듣는 순간 섬광처럼 빛을 내며 떠올랐다. 그 얘기를 들으신 선생님은 그때는 모두 어려운 시절이라 정말 너희들에게 잘해주고 싶었는데 그리 잘하지 못한 것 같아 후회스럽다며 미안하다고까지 하신다. 나는 아니라며 정말 선생님께서 잘 해 주셨다며 고맙다고 말씀드렸다. 이제 연로하셔서 아드님께서 보호해 드려야 하니 안타깝지만, 건강하신 선생님의 모습을 뵐 수 있었으면 좋겠다.

'김정열 선생님 혜존'

선생님 제 책을 어찌 간직해 주십사고 감히 말씀드릴 수 있겠습니까? 제가 선생님과의 기억을 오래도록 고이고이 간직하여 선생님을 기억하겠습니다. 항상 건강하시고 편안한 나날 되십시오.

참 스승이신 그분이 아직도 건강히 살아계시니 꿈만 같은 행운이 아닐 수 없다.

2016. 9. 10.

그 모습 그대로가 좋아

2월의 마지막 주말, 난데없이 흰 눈이 펑펑 쏟아진다. 두 어 시간째 내리는 눈은 얼마 지나지 않아 온 세상을 하얗게 만들어 버린다. 때늦은 눈 내림이어서 나뭇가지에 기지개를 켜던 새순들은 깜짝 놀랐겠지만 하얗게 수놓은 순백의 바깥 풍경은 아름답기 그지없다. 수십 년은 족히 되어 고목이 되어버린 아까시나무의 앙상한 팔에도, 아무렇게나 무성히 자라 헝클어진 풀숲에도 새봄맞이 축제처럼 내린 하얀 눈이 그 모습 그대로 아름답다.

어제부터 시작된 주말드라마에 십수 년 만에 출연하였다는 탤런트 Y는 신선한 충격을 준다. 아마도 이삼 년 후면 60이 다된 것으로 아는 그녀는 요즘 보기 드물게 자연 그대로의 얼굴로 출연했다. 80년대 초 미스롯데를 시작으로 최고의 미모를 자랑하며 화려한 여배우가 된 그녀를 기억하는 사람들은 그녀가 상당한 미모의 여배우임을 부인하지 않을 것이다. 그 여배우가 오늘

눈가에 살며시 잔주름을 얹고, 이마에 세월의 흔적을 살포시 얹은 엄마의 모습으로 등장한다. 당연한 그녀의 모습이 가슴에 확 닿아 신선한 충격까지 안겨준다. '그래 저런 모습이야!' 정말 우리네 어머니 같은 순수한 모습, 얼굴에 삶의 흔적이 곱게 묻어난 그런 모습 그대로를 보여준 그녀가 무척 용감해 보이기까지 한다.

그녀 또래의 여배우들도 물론 지금 중견 배우로서 맹활약 중이다. 요즘은 배우이건 일반인이건 얼굴에 손 좀 보는 것쯤 대수롭지 않게 되어버린 시대가 되었다. 어느 날 오뚝한 콧날이 예쁘던 여배우의 코가 납작해 보이기도 하고, 눈가와 볼살이 움직임이 수상스러운 모습이 된 여배우들을 보면서 참 많이 아쉬웠던 참이다. 그냥 곱게 나이 들어가는 모습 그대로 적당히 볼살도 처지고 눈가와 이마에 주름도 더러 잡힌 속정이 깊어 보이는 모습이 아쉽다. 너도나도 얼굴에 손을 대니 자기의 원래의 모습을 잃어버린 이상한 모습으로 변해가는 모습이 시청자들을 안타깝게 한다. 많은 사람이 성형에 빠지다 보니 우리나라는 어느새 세계에서 몇 손가락 안에 드는 성형 왕국이 되어 간다. 강남의 목이 좋은 곳은 이미 성형외과들의 차지가 되었다. 즐비한 성형외과들은 외국의 관광 상품으로까지 발전하여 성형외과 인근에는 흐린 날의 선글라스족과 얼굴에 반창고를 붙인 사람들로 넘쳐나는 시대가 되어 간다. 제법 부끄러울 법도 하건만 자랑스럽게 얼굴을 내밀고 다니는 모습이 낯설다.

예쁘고 멋있어지려는 인간의 바람을 나무랄 수는 없지만 지나친 집착으로 성형 중독에까지 이르게 하는 세태가 되어 가고 있으니 안타까운 마음을 금할 길이 없다. 물론 나라고 그런 유혹에서 예외일 수는 없을지도 모른다. 눈가에 생긴 잔주름을 없애라, 이마에 주름을 없애기 위해 보톡스를 맞아 보라는 등의 권유를 수없이 받아보지만 아직은 선뜻 내키지 않는다. 우선 겁부터 난다. 잘못되어 풍선 아줌마처럼 될까 무섭고, 아파서 주사 맞는 것도 싫은데 멀쩡한 얼굴에 이상한 것을 집어넣었다가 자는 동안 쭉 삐져나올지도 모른다는 터무니없는 겁부터 나니 언감생심이다. 여느 친구는 무슨 깡으로 주름진 얼굴을 버젓이 쳐들고 다니느냐고 핀잔을 주기도 하지만, 그래도 난 그게 겁나고 무섭고 싫으니 생긴 대로 살 수밖에.

   창밖에 눈 쌓인 모습을 한참 동안 쳐다본다. 아파트 쪽 조경수에 내려앉은 하얀 눈은 정갈하고 깨끗한 모습이다. 길 건너 풀숲에 내려앉은 하얀 눈은 아무렇게나 헝클어진 모습인 채로, 고목 밑 빈 의자에 소복이 쌓인 하얀 눈도 소박하고 풍성한 모습 그대로인 채로 누군가를 기다리는 듯하다. 아마도 이 눈이 잦아들고 나면 곧 찾아올 봄을 기다리고 있을 거다.

   오늘 드라마에 등장한 그녀의 주름과 처진 눈매가 한없이 아름다워 보임은 자연도 사람도 모두 그 모습 그대로가 좋아서일 게다. 그녀처럼 처진 내 눈꼬리도, 이마의 잔주름도, 처진 볼살도, 깊게 파인 십자 주름도 모두 내 인생과 더불어 훈장처럼 주어진 내 것들이니 그 모습 그대로의 내가 아직은 좋다.

2016. 2. 28.

시인의 이끼

수십 년 만에 왔다는 무더위가 기승을 부리던 여름이 한풀 꺾였다.

한여름 동안 더위를 식혀 줘야 할 장마는 여우 꼬리만큼 짧더니 가을장마가 왔다. 무겁게 내려앉은 잿빛 하늘이 드디어 비를 쏟아낸다. 하염없이 내리는 빗길을 달려 안성의 석남사에 이르렀다. 일주문 지나 여름 끄트머리 장맛비에 젖어 물빛이 된 수십 개의 계단을 오른다.

'슬픔마저 빼앗긴 밝은 슬픔 같은' '초록도 아니고 빛나는 연초록도 아닌'[11]이라던 H 시인의 초록이 궁금해서 찾아온 곳이다.

대웅전 뒤란의 '타원을 수 놓으며 깔려 있다던 융단 같은 이끼'[12]라 했던 시인의 이끼는 십수 년 세월도 못 견디고 어디로

---

11), 12) 황동규 시인의 시 「안성 석남사 뒤뜰」에서

갔을까? 물색없이 쌓아 올린 돌벽에 숨이 턱 막힌다. 견고함보다 더 지켜야 할 무엇이 더는 없었을까? 융단 같은 이끼도, 시인의 아름다운 시어가 담긴 이끼도 온데간데없고 허허로운 마음만 남는다.

한두 냥 남은 넋을 들어 산마루를 향한다. 산마루에 걸린 뽀얀 안개가 초록의 이끼를, 밝은 슬픔 같은 이끼를 보았다면 그곳에 흠뻑 진 비를 내려 그 아름다움을 지키려 했을 터인데. 어느 날 신세대 문명을 탐한 그악한 손길에 사라져 버린 시인의 이끼가 못내 아쉽다.

사라져 버린 이끼 때문에 허물어진 마음을 오롯이 들어 삐뚜름히 서 있는 오층석탑으로 옮겼다. 고려말 조선조 초기에 세워졌다는 석탑은 세월의 더께 탓인지 위태로워 보인다. 그 앞을 지나는 신도들의 염원을 담고 올려놓은 돌멩이를 고스란히 품어 안은 모습이 의연하다.

비에 젖은 계단을 휘휘 내려와 영산전 뒤란으로 가 보았다. 혹시 모를 시인의 이끼가 그곳에 가 있을지 몰라서이다. 새로 쌓아 올린 석축에 듬성듬성 올라앉은 이끼가 비에 젖어 촉촉한 초록이 되었다. 새로 칠한 단청으로 떠받힌 추녀 끝이 하염없이 쏟아지는 가을 장맛비를 받아 내린다. 아직은 푸른 아니 초록인 이끼의 밝은 웃음이 물빛이다.

대웅전 뒤뜰에 있다던 시인의 이끼는 어느 골, 어느 산천으로 가고 말았을까?

그칠 줄 모르는 장맛비가 석남사 뒤란을 고스란히 돌아 계곡으로 고요히 흐른다. 아직은 울창한 나뭇잎에 빗줄기가 약해진 탓이다.

무더위가 기승을 부릴 때는 꿈처럼 아득해 보이던 가을이 나뭇잎 살랑거리는 소리에, 흐르는 물소리에 귀를 여미니 장마 타고 오는 가을의 소리 멀리서 들린다.

가을이 와도 다시 볼 수 없는 시인의 이끼는 여전히 궁금할 것 같다.

2021. 8. 25.

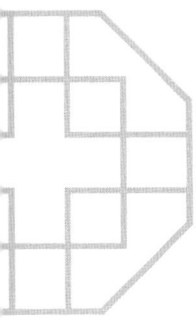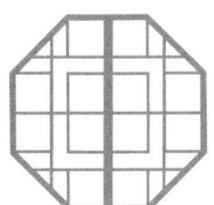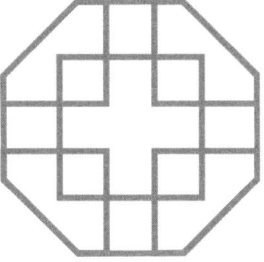

4

기다려 볼 테다

물의 유산

섬 전체가 바다로 둘러싸인 제주는 물, 특히 바닷물과의 특별한 인연을 벗어날 수 없는 운명이다.

음력 2월의 제주 바다는 영등할매가 오신다는 특별한 계절이다. 영등신은 음력 2월 초하루에 들어와서 2월 15일 나가는 내방 신이다. '바람의 신'으로 저 멀리 강남천자국(江南天子國)으로부터 북서 계절풍을 몰고 오는 신이다. 영등하르방, 영등할망, 영등대왕, 영등호장, 영등우장, 영등별감, 영등좌수 모두 일곱 신위다. 음력 2월 영등달이 되면, 이 신들은 강남천자국에서 남방국 제주도로 산 구경, 물 구경하러 오는데, 맨 먼저 귀덕리 '복덕개'라는 포구로 들어온다고 한다. 그리하여 한라산에 올라가 오백 장군에게 현신하고 '어승생 단골 머리'에서 '소렴당'을 거쳐 '산천단', '산방굴'을 경유하여 'ᄃ리디끗[橋來里]'까지 돌면서 봉숭화꽃, 동백꽃 구경을 하고 다니며 세경 너른 땅에는 열두 시만국(新萬穀)

씨를 뿌려 주고, 갯가 연변(沿邊)에는 우무·전각·편 포·소라·전복·미역 등을 많이 자라게 해초 씨를 뿌려 주고 돌아간다.(출처: 한국향토문화전자대전)

 2월 초하루에 영등할망이 들어오면 날씨가 갑자기 추워진다. 제주의 영등 달은 그래서 매우 춥다. 영등할망이 올 때 딸을 데리고 오면 딸과는 사이가 좋아서 날씨가 좋다. 그러나 며느리를 데리고 오는 해에는 시어머니와 며느리의 좋지 않은 관계 탓으로 궂은 날씨가 이어진다고 한다. 영등신은 '영등할망'으로 대표되지만, 영등신이 여러 식솔을 거느리고 제주에 찾아온다는 속설도 있다. 이때 비옷을 입은 영등 우장이 오면 비가 오고, 두꺼운 솜 외투를 입은 영등이 오면 그해 눈이 많이 오며, 차림이 허술한 영등이 오면 유독 날씨가 좋다는 것이다. 그리고 제주의 영등 달은 날씨도 춥지만 유독 습기가 많아 빨랫감이 잘 마르지 않고 구더기가 괸다고도 한다.

 내 기억 속의 아버지 제삿날은 매년 추웠다. 비가 오거나 눈이 왔다. 비교적 기온이 높은 제주에서 눈이 온다는 것은 한겨울과 같다는 의미이니 꽤 추웠다는 뜻이다. 초등학교도 들어가기 전에 하늘나라로 가버린 아버지는 매년 추운 날씨로 내 기억 속에 찾아오시는 셈이다. 음력 2월 2일인 그날, 매년 영등신이 무슨 옷을 입고 왔는지는 알 수 없으나 솜 외투를 입고 오는 날이 많았었는지 대부분 추웠다.

 올해도 어김없이 춥다. 하긴 제주에 특별한 내방신인 영등할매가 오신다는 때이니 두말할 필요도 없다. 코로나19로 제사도 대충 지내야 하는 처지이다. 내려오지 말라는 오빠의 엄명을 듣고도 내려갔다. 그냥 있기엔 마음이 허락하지 않아서이다. 조카들도 떼어버리고 형제들만 단출하게 지낸 제사는 쓸쓸하긴 하였지만, 그도 괜찮다 싶은 생각을 했다. 돌아가신 다음에 호화스러운 상차림이 무슨 의미가 있겠냐는 생각이 들던 차여서 제사는 이참에 이런 식으로 지내도 좋겠다는 생각이 들기도 한다.

떡 본 김에 제사 지낸다고 간 김에 사진이나 찍자며 서울의 사진 동호인들을 불렀다. 이호태우 해수욕장은 바람의 신인 영등할매가 들어온다는 귀덕리에서 그리 멀지 않은 곳이다. 바다가 영등할매 덕에 성난 파도를 밀고 들어오는 건 당연지사이다. 거친 바람이 파도를 몰고 와 해변의 모래를 덮쳐 끌어 올리고 내리고를 반복하게 될 것이다. 제주인인 나보다 더 먼저 이호태우 해수욕장 모래 궤적의 유명함을 아는 지인들은 그 궤적을 찍기에 안성맞춤인 계절을 잘도 알아낸다. 그날이 곧 음력 2월 초이니 아주 적당한 때를 만난 것이다.

이른 새벽, 안개가 온 천지를 덮은 산길을 달려 이호 해변에 이르렀다. 카메라를 든 일행들은 이른 새벽 물이 빠져나간 해변에서 노아의 홍수가 끝난 후 씨를 뿌려 자랐음 직한 나무숲을 찾았고, 하늘을 날아 땅이 있음을 알려 주었던 새의 형상을 찾아 카메라에 담았다. 다행히 영등할매의 차림이 허술했었는지 날씨가 좋았다.

이번에 오신 영등할매는 온화한 성품이었든지, 거친 파도의 궤적을 잘 보전해 주었다. 물론 밀물이 들어오거나 사람의 발자국이 생기기 전까지이니 이른 아침 바닷가여야 한다는 전제는 당연한 일이다.

물의 흐름을 따라 산도 만들고, 강도 만들고, 하늘의 새도 만드는 위대한 탄생은 자연의 섭리만이 만들어 낼 수 있는 찬란한 물의 유산이다.

영등할매가 들어오신다는 추운 계절에 가신 우리 아버지도 무언가의 유산을 남겼으니, 지금의 내가, 우리가 있음이겠지 생각하기로 했다. 내 마음속에 숨겨진 아버지에 대한 알 수 없는 감정을 되새겨 본다.

2021. 3. 25.

왜요?

　북위 66도 33분 북극권의 시작점이다. 발 아래 만년설을 이고 있는 수십 개의 산봉우리가 산타 모자인 양 하얀 모자를 눌러쓰고 우리를 맞는다.
　늦가을, 아니 초겨울의 을씨년스러운 날씨에 비마저 추적거린다. 비포장 길의 태반인 도로를 따라 덜컹거리는 캠핑카가 이동한다.
　승차감, 그거 무슨 귀신 씻나락 까먹는 소리인가. 운전석 옆 좌석은 눈치 없는 남정네가 차지하고 앉아 양보할 줄을 모르니 그저 온몸을 캠핑카의 흔들거림에 맡길 수밖에.
　이런 경우 대개는 서로 편한 자리를 번갈아 양보해 가며 가는 게 상책이지만, 눈치는 어디다 팔아 잡숫고 오셨는지 자리를 잠시만 바꾸어 달라는 지인의 말을 "왜요?"라는 단어 하나로 묵살해 버린다. 덜컹거리는 캠핑카와 더불어 침대에 누인 내 몸은 사정없이 들썩인다. 동행인 K 씨는 그 흔들림 속에서도 쿨쿨 잘만 자는데 내 눈은 감기질 않는다. 허리가 아파 소파에 오래 앉아 있을 수도 없으니 어쩔 수 없이 덜컹거리는 침대에 누워있을 수밖에. 이러다 그나마 조금 나아가는 내 허리는 동강이 나버리는 것은 아닌지 걱정스럽기까지 했다.

피할 수 없으면 즐기라는 말이 생각났다. 발상을 전환하기로 했다. 일자 척추인 탓에 오래 누워 있으면 아파오는 내 허리가 어쩌면 이 흔들림 탓에 구부러진 척추가 될지도 모를 일이다. 몸에 힘을 풀었다. 그리고 흔들리는 그대로 맡겨 버렸다. 생각 탓인지 조금 나아지는 것 같았다. 만사가 마음먹기 달렸다고 했으니, 신기하게도 아픈 허리는 시간이 지날수록 잊혔다. 아마도 내가 뇌 속으로 욱여넣은 생각이 뇌 안의 호르몬 분비를 자극했는지도 모른다. 가차 없이 흔들리다 가끔 내려와 흔들리는 차 안에서 균형 잡기 놀이도 하며 15시간 이상을 달리자, 목적지가 눈에 들어왔다.

북극이 시작되는 곳이다. 그때 온도가 영상 5도 정도인가로 기억된다. 한겨울이면 영하 50여 도 이하로 내려간다고 하니 지금이 아니면 우리 같은 일반인은 꿈조차 꿀 수 없는 곳이다. 표지판을 등 뒤로 하고 산 밑을 내려다보니 수십 개의 봉우리가 발아래 놓였다. 세상을 얻은 듯 뿌듯하다. 화이트호스 시내에서 만난 한 한국인 유학생은 영하 40여 도를 오르내리는 기온에도 살만하다는 생각이 들어 아예 살아보려고 영주권을 기다리고 있다고 한다. 이곳 또한 사람이 사는 곳이니, 아니 사실 사람이 사는 흔적이 별로 없기는 하다. 우리 같은 정신 나간 여행객들이나 일명 Wild life를 즐기는 캠핑족들, 라이더들만 눈에 띄는 것으로 보아 특별한 곳이긴 한가 보다.

북극점 표지판이 보이는 곳에 이르니 호텔이 보인다. 레스토랑으로 들어가 점심을 먹기로 했다. 그네들의 메뉴라고 해봐야 피자와 햄버거 등 간단한 것뿐이다. 이들은 두 가지만 먹고 사는 것인지(?), 동양인 우리나라의 레스토랑이 훨씬 풍부하고 서양적인 냄새가 물씬 나는 메뉴들이 즐비한 것 같다. 두 가지 메뉴를 나누어 시키고 점심을 때웠다. 그런데 한 가지 덤이 있단다. 이 호텔에서 식사하면 샤워권이 있다는 거다.

이곳의 집들은 마치 가설 숙소처럼 컨테이너 하우스나 간단한 목조로 지어졌다. 호텔도 마찬가지이다. 호텔 밖에 따로 지어진 샤워 시설과 화장실이 컨테이너인 것은 당연하다. 캠핑카와 와일드 라이프를 즐기는 사람들이 많은 곳이라 이런 서비스를 하는 모양이다. 호텔을 이용하지 않는 사람은 5달러인가를 내면 사용할 수 있다. 우리나라 같으면 그 돈이면 전국 어디에서든 뜨끈한 찜질방에서 목욕은 물론 잠까지 잘 수 있다. 우리나라가 역시 좋긴 좋다. 그래도 이게 웬 떡인가 싶다. 3일을 씻지도 못하고 다녔으니 몸의 여기저기가 근질대던 참이다. 샤워실 안은 그다지 깨끗하진 않았지만, 물만은 엄청 따뜻하고 펑펑 쏟아지니 그 시원함이 갑자기 천국행 기차에 오른 기분이다.

하긴 3일을 씻지 않고도 살아지는 게 와일드 라이프, 오지 여행의 묘미이다. 이를 찾아 나선 이들이 불평한다면 어불성설이긴 하다. 산뜻하게 몸도 씻고 북극점의 정상에 서서 마음도 말끔히 씻어내니 이제 힐링이 시작되는 느낌이다.

우리의 캠핑카는 다시 그 덜컹거림 속으로 들어간다. 한참을 달리니 몸도 마음도 노곤해지기 시작한다. 운전하시는 분이 졸릴까 염려된 K 언니가 운전석 뒤로 가서 바닥에 주저앉았다. 운전자가 졸 것을 염려해서다. 옆 좌석 동승자는 부처님 가운데 토막을 삶아 드셨는지 말이 없고, 누구라도 나서야 할 판이었다.

언니가 콧구멍에 빨간 나뭇잎을 붙이고 우스운 모습으로 나섰다. 옆 좌석의 그를 향해 "저기요" 한다. 상대방의 반응이 가관이다, 정말 가관이다. 이 세상에 영혼 없는 목소리가 있다면 바로 그 목소리일 것이다. 아주 무표정한 얼굴로 "왜요?" 하고 만다. 그의 얼굴에서 유머란 약에 쓸래도 한 톨도 찾을 수 없어 보였다.

아주 머쓱해진 언니가 어떠한 반응도 할 수 없는 무공의 상태, 바로 그런 상태가 되고 말았다. 뒷자리에 있던 우리 세 여자는 웃음을 참았다. 정말 많이 참았다. 그 무표정한 '왜요?'와 완벽하게 녹다운이 되고 만 K 언니의 상태가 일촉즉발의 불화살 같았기 때문이다. 내가 나서야만 했다. "우리 그냥 웃자, 언니!" 웃기 시작했다. 덜컹거리는 자동차 바닥을 데굴데굴 구르며 웃었다. 그제야 눈치챈 옆 좌석 남자, 쓱 돌아보고 만다. 그게 더 웃겼다.

그날의 일화는 한국으로 돌아올 때까지 불쑥불쑥 '왜요?'라는 꼬리표를 달고 우리를 쫓아다니며 웃음 보따리를 선사했다. 사실 이게 웃을 일인지 아닌지 가늠이 안 되는 것 같긴 하다. 그런 반응밖에 할 수 없는 그의 멋없음에 대한 우리식의 비열한 조롱이었는지도 모르겠다.

거기다 더해 나는 졸렬한 복수까지 감행했다. 그의 무 협조에 대한 반항인 셈이다. 캐나다에 와서 양식이라곤 피자와 햄버거밖에 못 먹었다며 양식 좀 먹어보자고 들어간 레스토랑에서의 일이다. 더치페이하기로 하고 내가 먼저 돈을 내고, 나는 그의 식사비만 받았다. 다른 이들에게는 내가 쏜 거라며 선심을 쓰고 난 후이다. 참 고약한 행동이었음을 인정한다. 하지만 지금 다시 그 상황이 온다 해도 나는 아마 그리하고 말았을 것이다. 내 인간성의 한계일까, 그냥 그의 양보 없음과 비협조에 대한 소심한 나의 복수라고 해 두고 싶다.

혹한의 북극점, 그곳으로 다시 간다면 그런 졸렬함 따위 그곳의 빙점에 얼려버리고 올 수 있을까? 영하 50여 도도 더 내려간다고 하니 가긴 글렀다. 아니 갈 수 없을 것이 뻔하다. 그러니 그냥 그대로 사는 수밖에. 나의 졸렬함을 안고.

눈만 마주치면 "왜요?" 하고 웃으며 키득대던 우리의 모습이 조금 부끄럽긴 하다.

2018. 9. 26.

그 따스함

늦가을, 길가엔 낙엽이 소복이 쌓이기 시작한다.

벌써 5일째 아이보리색 스웨터 차림이다. 40여 년 전 친구 H가 막 서울 생활을 시작하는 나에게 따스하게 입으라며 선물해 준 옷이다.

Designed by Hallim Handweaver's라고 표기된 스웨터로 제주의 성 이시돌 수녀원에서 양을 키우고 그 털로 실을 뽑아 수녀님들의 손으로 뜬 옷이다. 그 당시에는 꽤 비싼 옷으로 제주의 칼호텔과 서울의 조선호텔에서만 팔았다고 한다. 그렇게 비싼 스웨터가 왜 나에게까지 선물로 왔는지는 기억나지 않는다. 잘 보관한 탓에 아직도 실 한 오라기도 흐트러지지 않는 모습 그대로 잘 보관되어 있었다. 요즘 들어 부쩍 그런 종류의 스웨터를 입은 사람들이 보이기에 다시 입어보았다. 40년 세월이 무색하게 아직도 여전히 따스한 기운으로 온몸을 감싸 올랐다.

스웨터를 입은 모습을 사진으로 찍어 H에 보냈다. 네가 40년 전에 선물해 준 옷이라는 문자와 함께. 그녀는 전혀 기억나지 않는다며 연락이 왔다. 자기가 왜 그런 옷을 선물했느냐고 묻는다. 아마도 서울 생활을 처음 시작하는 친구가 제주보다 훨씬 춥다는 서울살이에 고생할 것을 염려해서가 아닐까?라고 하자 그녀가 피식 웃는다.

'내가 그렇게 섬세하지 않다'라며. 네가 외향으로는 차갑고 냉정해 보이지만 정말로 마음은 따뜻하다는 것을 모르는 모양이라 말하자 사내처럼 껄껄 웃고 만다.

맥그린치 신부(한국명 임피제)는 제주에 1954년 부임한다. 제주는 일제강점기 동안 섬 전체가 일본의 전쟁기지로 사용되었던 땅이다. 해방 후 4·3이라는 잊을 수 없는 고통의 시간이 채 매듭지어지기도 전에 한국전쟁이 일어나고 만다. 일본인의 물러간 제주는 '육지 것'들이 들어서면서 제주인들 만의 전통과 공동체가 사라져가고 아픔과 가난 속에 허덕이던 때이다.

아일랜드의 한 젊은 사제가 6·25전쟁이 끝나기 몇 달 전 이 땅을 찾았을 때 제주는 아픔과 상처투성이가 되어 '어디서 미국 놈이 왔느냐?'며 반감이 가득 찬 시선을 보냈다. 신부는 태연하게 '저는 아일랜드 놈'이라며 다가서기 시작했다. 제주의 가난과 아픔을 치유하기 위해 한림의 황무지에 목축업을 시작했다. 성이시돌목장의 시작이다. 맥그린치 신부는 아이들을 통해 제주를 바꾸자는 생각으로 4H(지, 덕, 노, 체)를 시작, 아이들에게 경제적 자립과 실천을 가르쳐 이를 통해 어른들의 변화를 꾀하고자 했다. 죽음의 빛에서 자립의 빛으로 나아갈 수 있는 토대가 마련되기 시작했다. 이때 여성들을 위한 '한림 수작'으로 여성들의 경제적 자립의 토대도 마련하기 시작했다. 이 스웨터가 탄생하게 된 사연이다. 참으로 슬프지만, 희망찬 이야기다.

임피제 신부는 60년이 넘는 동안 제주도를 위해 헌신한 공로로 제주도 명예도민증도 받고 1975년에는 막사이사이상을 받았으며, 2018년 4월 23일 90세의 삶을 마쳤다. 마태복음 25:40의 '너희가 가장 작은 이들 가운데 한 사람에게 해 준 것이, 바로 나에게 해 준 것이다.'라는 말씀을 실천하기 위해 헌신하신 분이다.

임피제 신부의 아픈 이들을 위한 사랑과 수녀님들의 따뜻한 정성이 한 땀 한 땀 배어 있는 이 스웨터가 어쩌면 40여 년 동안 나를 지켜 주었을지도 모른다는 생각은 과한 것일까.

서울에 온 지 2년쯤 지나서였다. 어느 눈 오는 날이다. 정릉의 친구 집을 찾아 나섰다. 아이보리색 그 스웨터에 벽돌색과 하얀색 체크무늬 스커트, 아마도 벽돌색 슈즈를 신고 있었던 것 같다. 갑자기 가세가 기울어 버린 정릉 친구네는 말만 서울인 정릉의 산동네의 단칸방에 일곱 식구가 살았다. 300평이나 되는 저택에 살던 친구이다. 연락을 끊어 버린 친구를 S가 찾아내어 겨우 찾아갔던 동네이다. 겨울 초입 예상치도 못했던 함박눈이 펄펄 내렸다. 친구를 만나고 내려오던 날 그 스웨터 위로 하얀 눈이 소복이 쌓였었다. 머리 위에 눈꽃이 하얗게 내려앉고 눈 쌓인 골목길을 종종걸음으로 내려오는 내내 쓸쓸했던 내 마음을 포근히 감싸 주기도 했다. 정릉의 친구네를 가겠다고 마음먹었던 것은 지금 생각해 보면 스웨터를 선물해 준 친구 H의 따뜻한 마음 덕인지도 모른다. 눈 내리던 그 날 정릉의 가파른 골목길을 내려오는 동안 스웨터 주머니의 시린 손은 그녀의 따뜻한 마음이 녹여주고 있었을 것이다.

그녀 H는 20여 년을 병마와 싸우고 있다. 남편과 이혼 후 더욱 심해진 우울증은 그녀를 놓아주지 않는다. 언젠가부터 누군가를 용서한다는 것은 용서받는 이를 위함이 아니란 생각이 들기 시작했다. 그를 위함이 아니고 용서해야만 하는 나를 위함이란 생각이 들기 시작한 것은 아마도 내가 사오십이 넘어서인 것 같다. 미워하거나 싫어하는, 아니면 용서할 수밖에 없는 어떤 이들을 용서함은 결국 자신을 자신으로부터 놓아주려는 방편이었다는 생각이 들면서 나는 철이 들었던 것 같다. 지나고 보니 그 용서함은 나를 지탱하기 위한 최후의 선택일 수밖에 없었다는 생각이 든다. 내가 미워하는, 증오하는 누군가를 용서해야만 살아갈 수 있었기 때문이 아니었을까.

사랑과 증오가 종이 한 장 차이라는 누군가의 말이 사실이라면 이제 그녀도 증오의 마음을 거두었으면 좋겠다. 그 증오의 마음이 그녀를 병들게 하고 있다는 생각이 드는 것은 나만의 생각일까?

하늘나라에 계신 김수환 추기경님의 '내 탓이오'를 생각해 본다. 그녀도 이젠 모두 용서했으면 좋겠다. 그래야만 그녀의 병이 떠날 것 같으니까.

  40여 년 전 나에게 선물한 그 따스한 스웨터가 아직도 내 곁에 머무르며 내 몸을 따스하게 해 주고 있듯이 그녀의 마음도 이제 그 따스함 속으로 들어왔으면 얼마나 좋을까 싶다.

  제 마음 다스리기가 제일 어렵다고 했으니 가볍게 말할 일은 아니지만….

2018. 11. 25.

꾸어다 놓은 보릿자루

 조선조 연산군 때의 일이다. 폭정이 극에 달하자, 몇몇 신하들은 거사를 모의하게 된다. 거사에 참여할 사람들이 다 모이자, 성희안은 거사에 대해 이야기하며 그들과 대화를 주고받으며 거사를 계획하고 역할 분담을 마친다.
 그런데 한 사람만 유독 아무 말도 하지 않고 있어 이상하다고 생각한 성희안은 사람 수를 세에 보았다. 사람 수가 한 사람 더 많은 것을 알게 된 성희안은 머리끝이 쭈뼛해져서 집주인인 박원종에게 귓속말했다. "여기 염탐꾼이 있는 것 같소", 무슨 말이냐는 태도에 김 대감 옆에 있는 사람이 아까부터 아무 말 없이 우리말을 듣고만 있는 것으로 보아 염탐꾼이 틀림없다는 것이다. 박원종이 자세히 살펴보니 그것은 거사에 쓸려고 옆집에서 꾸어다 놓은 보릿자루였다. 어둠 속이라 사람이 가만히 앉아 있는 것처럼 보였고 누군가가 벗어 놓은 갓을 올려놓아서 사람처럼 보였다. 이것이 유래가 되어 아무 말 없이 한쪽 구석에 앉아 있는 사람을 꾸어다 놓은 보릿자루 같다고 말하게 되었다고 한다.

언양의 자수정동굴, 50여 년 만에 만난 초등학교 친구들과의 여행의 마지막 코스이다. 범어사에 들러 조용히 숲길을 걷고 싶던 내 제안은 일언지하에 거절당하고 만다.

수십 년을 건너뛰고 만난 친구들과의 여행이니 어디면 어떠한 가. 그들과 함께함이 중요하다. 그곳이 어디건 예의 그 낭만이 되살아 나옴은 우리네 가슴속에 켜켜이 쌓여 있는 추억거리들이 한 무더기 쏟아져 나와서일 거다.

자수정동굴은 예로부터 옥산이라 불리며 자수정의 생산지로 유명하다. 신라 시대의 금령총에서 출토된 수정 목걸이와 안압지에서 발굴된 진단구[13]에서 자수정이 확인된 것으로 보아 우리 조상들은 자수정을 귀한 장신구로 사용하기 위해 채취한 것으로 보인다. 어쩌면 동굴은 신라 시대부터 존재 해오고 있는지도 모르겠다. 다만 일제강점기 일본인은 한국인들을 강제 노역시켜 많은 양의 자수정을 불법 채취하여 실어 냈다는 기록만이 남아 있다. 일본이 패망한 후 광산 인근 주민들이 원시적인 도구를 사용하여 산발적으로 자수정을 채취하다가 1975년 지역 산주들을 중심으로 '경상남도 토사석채굴업협동조합'이 결성되어 공동 생산 체제하에 자수정을 채굴해 왔다고 한다. 동굴은 1987년 8월 20

---

13) 건물을 세울 때, 땅의 신을 제사 지내기 위해서 지하에 많은 재화를 묻었는데 그 매장품을 말함.

일 오후 3시 동굴관리책임자와 생산팀장이 발견 후 원석을 캐어 내고 본 정동을 영구 보존하기 위해 복원하여 공개되었다.

　동굴로 들어서자, 자수정 특유의 화려한 보라색 암석이 인공으로 설치해 놓은 조명을 받아 현란한 빛을 발한다. 무더위에 이글거리는 포도를 달려온 터라 동굴 속 시원함이 전신을 감싸 오니 그 속에 저절로 몸을 맡기게 된다. 조금 들어가니 동굴 안에는 커피숍이 기다린다. 나도 모르게 양미간을 찌푸리고 만다. 조금 더 들어가니 더 가관이다. 마치 이집트의 파라오궁에라도 들어가는 것처럼 입구에는 이집트 복장을 한 흑인 병정 상이 있다. 이집트의 궁전에서나 볼 듯한 원형 기둥들, 심지어 미라까지 엎드려 있다. 고려장 한 미라다. 이집트 고 왕조 시대 일반 시민으로 쭈그려 엎어져 있는 모습이라는 설명까지 적어 놓았다. 조금 더 가니 이번에는 아뿔싸 쥐라기 공원의 공룡까지 등장했다. 동행한 친구에게 짜증을 부렸다.

　"아니 이 사람들 미친 것 아니냐? 아무리 돈벌이가 중요하다 한들 우리나라 자수정동굴에 웬 이집트 병사며, 미라는 뭐냐? 그리고 또 주라기 공룡을 뭐란 말이냐? 삼국시대부터 있었다며 그 시대 동굴의 역사나, 아니면 차라리 일제강점기 우리 노동자들의 강제 노역 장면이라도 재현해 놓았으면 아이들에게 교육이라도 될 것 아니냐"고 하며 혼자 화를 냈다. 그런 내 모습을 옆에서 지켜보던 내 친구는 "그러게 말이다"라며 동조해 주느라 진땀을 빼는 것도 모르고 나는 계속 열을 내고 있었다.

그러는 사이 중국의 포대 화상이 친절한 설명과 더불어 우릴 맞았다. 더욱 가관인 것은 급조된 부처님 앞에 제법 그럴듯한 재단까지 준비해 놓은 터이다. 내 친구는 서슴없이 들어가 시주와 더불어 절을 한다. 친구를 나무랄 일은 아니다. 부처란 늘 그의 마음에 있을 테니 그곳이 어디면 어떤가. 한참을 돌아보던 중 다듬어지지 않은 석굴에 망치와 정을 들고 석굴을 파내는 우리네 광부들 모습이 보인다. 아마도 일제강점기 모습인지도 모르겠다. 그 옆은 리어카와 안전모. 전기적 공법을 이용한 드릴 모양의 공기구가 있는 것으로 보아 80년대의 광부들의 채광하는 모습인 듯하다. 물론 어떠한 설명도 없다. 이집트의 미라와 포대 화상 옆에 친절히 붙여 놓은 설명과는 참 대조적이다.

지구의 반대편 먼 나라 이집트에서 꾸어온 병정들과 미라, 중국의 포대 화상은 왜 그곳에 까닭 없이 불려 왔는지. 하긴 30여 분을 기다려 그곳에서 공연되는 중국인들의 서커스 공연까지 남김없이 보는 관광객들이 있으니 말해 무엇 하겠는가? 아마도 그 까닭이겠지 싶다. 아무리 지자체나 관련 업체의 관광 수입이 중요하다고 하지만 그곳에 우리네 광부들이 자수정을 파내던 모습을 좀 더 잘 그려 놓았으면 어떨까? 그 모습에 토속적 가락을 입혀 공연을 만들어 공연한다면 일거양득이 될 것만 같은데. 가슴 찡한 역사의 현장을 만들었으면 얼마나 좋았을까? 볼거리가 그리도 없었는지. 낯선 이국땅에서 보초를 서게 된 이집트 병사가 쓴웃음을 짓는다.

역사의 숨결과 질곡의 삶을 면면히 이어온 우리네 광부들, 일제강점기 갖은 만행을 견디며 지켜온 그분들에 대한 설명은 한 자도 없으니, 마치 주인이 객이 된 듯, 아무 말이 없는 '꾸어다 놓은 보릿자루' 신세가 되고 말았다.

2017. 7. 7.

밤골 그 추억의 뒤안길

　봄기운이 완연히 찾아온 일요일 아침, 지인이 보낸 카톡방엔 상도동 밤골마을이 산산이 부서진 모습의 사진이 올라왔다. 지인은 20여 번 이상을 사진 촬영을 위해 그곳을 찾는 동안 정이 들었는지 눈가가 촉촉하게 젖어 듦을 어찌할 수 없었다고 한다. 곧 없어질 마을임을 알면서도 막상 부서져 버린 그곳의 풍경을 바라보며 만감이 교차하였던 모양이다. 비 오는 날은 비 오는 대로, 눈 내리는 날은 눈 내리는 대로 사계절을 수없이 오갔던 발자국들이 흔적 없이 사라져 가니 어찌 서운하지 않았으랴. 그뿐만이 아니다. 우리 10여 명이 여러 차례 그 마을의 숨결을 더듬어 내어 카메라에 담고 그 사진으로 스토리를 입혀 사진전까지 하였으니 그동안 정이 들어도 단단히 들었던지 모두가 마음이 애잔해지는 것은 당연한 일이다.

　밤골마을의 높은 곳에 올라서서 보면 흘러내린 산야를 기대어서 있던 조그만 지붕들이 보인다. 그 지붕 위에는 세월의 더께와 함께 그 안에 품은 역사와 이야기들이 무수히 담겨 있음을 느낄 수 있었다. 왕의 자리를 내어놓고 그 허허로운 마음을 끌어안아야 했던 양녕대군의 이야기를 필두로, 마을 안에 담긴 이야기와 추억을 끌어내던 우리의 카메라는 이제 그 막을 내려야 할 때가 와버린 것이다. 한 마을 한 나라의 역사를 어찌 감히 조그만 카메라 화인더로 다 담을 수 있으랴만, 우리는 그동안 그 마을 안의 이야기를 담으며 마냥 가슴 뿌듯하였던 것 같다. 어쩌면 은연중에 우리는 오백 년 조선의 역사와 근대사, 현대사까지도 함께 카메라에 담고 있다고 자부하고 있었을는지도 모른다. 그러니 부서져 나간 모습의 사진 한 장, 그 파장이 아직도 가슴속에 긴 떨림으로 남아 있음이리라.

  세월의 흔적은 이렇게 많은 이야기를 남긴다. 양녕대군의 역사와 마음뿐만 아니라 한 개인의 흥망성쇠로 이어지기도 한다. 우리나라의 전기, 전자산업의 메카였던 청계천, 이제는 폐허가 다 되어 가고 있다. 그곳 또한 그 세월만큼 부침이 심한 곳이 되어버렸다. 워낙 오래된 역사와 변화를 안고 있는 곳이어서인지 정치가의 입김이 드센 곳이기도 하다. 그런 변화의 바람은 정치가의 변덕스러운 마음을 부추기며 수많은 사람의 삶을 뒤흔들어 놓기도 한다.

  몇 개월 전 한 지인은 스스로 목숨을 끊고 말았다. 시골에서 중학교를 나온 그는 청계천의 한 전기재료 상점에 점원이 된다.

부지런하고 영리했던 그분은 얼마 되지 않아 자기 가게를 마련하고 열심히 돈을 벌었다. 성장기 우리나라의 시류와 더불어 큰 부자가 된 그는 IMF 금융위기가 찾아왔을 때 위기를 넘기지 못하고 쓰러진 우리나라 최초의 배선 기구 메이커인 J공업사의 공장용지를 인수하며 절정을 맞는다. 아마 그때쯤 세운상가 주변 재개발 이슈가 수면으로 떠 오르고 그분이 인수한 땅은 하늘 높은 줄 모르고 올랐다. 모두가 그를 부러워했다. 용기 있는 선택이었다며 칭찬을 아끼지 않았다. 계획은 일사천리로 진행되었다. 우리나라 최초의 주상복합 아파트였던 청계천 세운상가 아파트를 헐어내고 36층 규모의 주상복합아파트를 짓고 종묘에서부터 남산을 연결하는 프로젝트는 그분의 위상을 더더욱 높여지게 했다.

   그런데 이런저런 이유로 시장이 바뀌었다. 우리 정치가의 행태는 여야를 막론하고 전임자의 사업계획을 휴지조각으로 만들어 버리는 특기가 있다. 새로운 시장은 유네스코 세계자연유산위원회의 자문역할을 하는 이코모스코리아의 11년 전(2006년) 공문을 토대로 유네스코가 종묘의 문화유산 지정을 취소할 수 있다는 우려를 들어 개발계획을 취소하고 만다. 그 관계자조차 민간단체로 유네스코 자연유산을 취소할 권한이 없다는 데도 종묘의 역사 문화적 환경을 저해할 우려가 있다는 점을 들어 계획은 완전히 그 모양이 달라지고 말았다. 그동안 이런저런 부침으로 재개발 계획이 오락가락하는 동안 세운상가 주변 상가의 환경은 말할 수 없이 열악해지고 투자자들의 고민은 깊어만 갔다. 그 부침의 시간을 견디다 못한 지인은 봇물 터지듯 늘어나는 은행 이자와 사업 실패를 견디지 못하고 목숨을 버리고 말았다. 한 나라, 한 도시의 지도자의 변화무쌍한 변덕에 희생된 슬픈 사례이다.

일본의 이만도쿄호텔은 왕궁 정원을 내려다볼 수 있게 지어진 덕에 도쿄의 관광명소가 되었다는데 아직도 우리는 왕정의 잔재에 갇혀 있는지 박제된 도시를 만들어 가고 있다고 말한다.[14] 36층 높이의 펜트하우스에서 내려다보이는 종묘와 창경궁의 모습을 꿈꾸던 지인의 꿈과 생명은 그렇게 사라져 버렸다. 새로운 시장이 앗아가 버린 세운상가 주변의 사업계획 취소 및 변경은 많은 시사점을 남겨준다. 시정의 잘잘못을 따지려 함이 아니다. 적어도 누가 시정을 맡건, 국정을 맡건 적어도 전임자의 사업계획이 정치적 이념이 다르다는 이유로 폐기되는 일은 없어야 하지 않을까 하는 아쉬움이 남는다. 계획대로 되었다면 밤이면 텅텅 비어버리는 세운상가 서울 도심의 밤에도 따스한 불빛과 사람들의 온기가 담길 수 있었을 텐데.

상도동의 밤골, 작년 이맘때 찾았던 그곳의 양지바른 곳에 피어오르던 노란 개나리꽃과 매화, 복숭아꽃의 모습이 아직도 선연히 떠오른다. 지붕 위를 타오르던 담쟁이덩굴의 연초록 새순이 지금, 이 순간 포악한 포클레인의 손에 무참히 잘려 나가는 모습이 보이는 듯하다. 내 카메라에 무수히 담긴 그곳 골목 안 풍경

---

14) 매일경제 3월 4일 자

들도 이제는 모두 그날 그 추억의 뒤안길로 사라져 가겠지. 야트막한 산자락을 기둥 삼아 소담한 한옥마을이 지어진다면 그 풍광이 더욱 정겨웠으리라. 그 마을엔 옛 선비의 이야기까지 품을 수 있으련만. 새로 지어진 한옥마을의 한적한 뜨락에 서서 한강 물을 보노라면 양녕대군의 마음 한 자락쯤은 읽을 수 있지 않았을까? 하는 바람은 그저 바람일 뿐, 이제는 모두가 허사가 되어 버렸다.

어느 정신 나간 위정자가 다시 그곳의 사업계획을 취소하지 않는 한 밤골마을의 정겨운 풍경은 흔적도 없이 사라져 가리라. 그리고 새로 지은 회색 콘크리트 벽으로 그곳을 가득 채우게 될 것이다. 우리들의 사진 속에 남겨진 모습은 먼 훗날 누군가가 기억 속에서 끌어내어 다시 새로운 스토리로 다듬어질 날을 기대하며, 사라져가고 있는 밤골마을의 풍경을 되새겨 본다.

2017. 3. 5.

내 탓이었어

"내 탓이요, 내 탓이요, 내 큰 탓이로소이다."

천주교 미사 시간에 자기 가슴을 치며 하는 기도문 중의 한 구절이다. 미사에 가 본 지 오래되었지만, 아직도 내 탓이요! 할 때는 나도 모르게 가슴을 치게 되는 경우가 있으니 아직도 나는 천주교 신자임이 맞나 보다. 하느님께서 허락하실지 알 수 없지만.

그제 저녁의 일이다. 열 시가 넘으면 아파트 경비가 퇴근하는 바람에 느닷없이 후문 입차 차단기가 열리지 않았다. 얼마 전 입차 중에도 같은 경험이 있어서 관리실로 문의했던 기억이 났다. 주차관제기기를 바꿨는데 간혹 차종에 따라서 입차 각도 때문에 인식하지 못해 그런 경우가 더러 있다는 얘기였다. 조속히 시공사에 연락해서 조치할 것을 당부하고 끝냈다. 경비 아저씨도 없어 수동으로 열어줄 사람도 없고 차를 후진하여 다시 들어오기를 반복했다. 너덧 번을 반복해도 허사였다.

그런데 이상했다. 내 뒤를 이어 들어오는 차량은 내 차와 같은 차량인데도 문제없이 입차가 되고 있었다. 관리실로 전화를 걸었다. 자꾸만 미등록 차량이라고 뜨는 것이 이상했기 때문이다. 지난 몇 번의 자초지종을 이야기하고 내 차가 미등록 차량인지 확인을 요구했다. 열 시가 넘은 시간이니 여직원이 없어 확인이 안 된다는 대답이다. 어쩔 수 없이 뒤돌아 나가 정문을 통해 들어오면서도 마음은 부글부글 끓고 있었다. 이 사람들이 분명히 행정착오를 한 모양이라며 그만큼 얘기했으면 바로 잡혔어야 했다며 약이 오를 대로 오르고 있었다.

십수 년 전 을지로에서의 일이다. 건널목을 건너다가 불심 검문에 걸려 지명수배자라며 경찰 백차에 실려 갔다. 영문도 모르고 실려 가는 차 안에서 무슨 이유냐는 질문에 벌금을 안내서 지명수배된 것이라고 한다. 벌금이라니? 그런 일 없다며 길길이 뛰어 봐도 아무 소용이 없이 중부경찰서로 이송되었다. 도대체 무슨 벌금이냐며 확인을 요구하자 젊은 수사관이 위압적인 눈을 부릅뜨며 조용히 하라고 하였다. 나보다 대여섯은 어려 보이는 수사관이 그러니 더 약이 올랐다. 내가 더 큰소리로 그런 일 없다며 확인을 요구하자 유치장에 넣으려고 했다. 무슨 소리냐며 대들었다. 가만히 지켜보던 계장인가가 그냥 소파에서 기다리게 하라며 확인해 줄 것을 지시하였다. 확인 결과 회사 차량이 정기 검사 기한을 넘기는 바람에 벌금이 나왔던 모양이다.

경찰서에서 조사받아야 한다기에 관리책임자였던 내가 출두해서 조사받았었다. 그 결과에 대한 벌금이 나왔던 모양이다. 회사에 전화를 걸어서 전표를 찾아보라고 했다. 냈다고 했다. 나는 더 길길이 뛰었다. 분명히 냈다며 영수증도 있는데 당신들이 행정 처리를 잘못해 놓고 왜 지명수배자를 만드느냐며 더 크게 소리 질렀다. 누군가가 그런데 가서는 목소리가 커야 한다는 얘기가 떠올라서 더 그랬는지 모른다. 그렇다면 그 영수증을 가지고 서부지원으로 가서 확인을 받아오라는 것이다. 기가 막혔다. 요즘은 행정 처리가 팩스로도 되고, 전산으로 모든 게 확인이 가능하니 문제가 안 되지만 그때는 그게 불가능했다. 늦은 오후이니 잘못하면 하룻밤 유치장 신세를 지게 생긴 꼴이었다. 은근히 겁이 났다.

　회장님께 전화를 걸었다. 자초지종을 말씀드렸더니 허 허 웃으시며 거기서 재우지는 않을 테니 걱정하지 말라고 하신다. 지인이 관계기관의 꽤 높은 분이셨으니 사실 그리 문제 될 일은 아니었다. 나도 아마 그 뒷배를 믿고 난리를 쳤을 것이다. 조금 있으려니 계장이란 분이 지금 은행에 가서 그 돈을 다시 내고 영수증을 가져오면 훨씬 더 쉬우니 그러겠느냐고 묻는다. 그런다고 하고 직원을 불러 10만 원의 벌금을 다시 내고 풀려나왔었다. 회사에 들어가서 확인해 보았더니 그 벌금이 원래 쌍 벌 규정이었는데 고지서가 두 장이 나오자 잘못 나온 줄 알고 내 몫을 찢어 버린 거였다. 2년여 전의 일이니 까맣게 잊어버리고 있다가 마른 하늘에 날벼락을 맞은 줄 알고 길길이 뛰었던 기억, 그것은 결국

내 탓이었다.

　다음 날 아침, 출근하면서 다시 전화를 걸었다. 그냥 말없이 내 차가 미등록 차량인지를 물었다. 미등록 차량이라고 한다. 더 화가 났다. 6년 동안 입주자 차량 스티커를 붙이고 드나들던 차가 왜 갑자기 미등록 차량이 되는 거냐고 따지며 행정 처리가 잘못된 것 아니냐고 물었다. 모르겠다며 차량 등록증을 가지고 방문해서 등록하라고 한다. 화가 머리끝까지 올라왔다. 절대로 갈 수 없다며 당장 제대로 해 놓으라고 했다. 내 목소리에 놀랐는지 상대방은 전화를 끊어버렸다. 그냥 뭐가 잘못된 것 같으니까 미안하지만 방문해서 처리해 달라고 부탁했다면 그냥 갔을지도 모른다. 사과 한마디 없이 그냥 와야 한다는 투의 말에 화가 치밀어 오르고 말았다.

　수필 공부를 위해 학교로 가던 길, 불과 200여 미터를 앞두고 우회전하려고 대기하고 있던 내 차를 개인택시가 뒤에서 들이받았다. 머피의 법칙인가? 동승 했던 지인은 먼저 가시라고 보내놓고 사고처리를 위해 대기하고 있었다. 갑자기 무언가 잘못되어 가고 있다는 느낌이 확 몰려왔다. 아침에 괜스레 아파트관리실 직원한테 화를 냈더니 벌을 받나 싶기도 하고, 좋게 말할 걸 그랬나? 후회스럽기도 했다. 사고 수습도 끝내고 수필 공부도 끝낸 후 아파트관리실로 향했다. 그래 아무리 화가 나도 좋게 말하자. 아침에 그 정도 했으면 충분하지 않은가? 자신을 달래며 관리실에 가서 말없이 차량등록을 마쳤다.

끝내고 돌아서는 나에게 여직원이 말한다. "뭐가 잘못됐었나 봐요?" "그러게요." 자동차에 등록증이 붙어 있는데 미등록 차량이라고 해서 화가 많이 났다고 했다. 아침에 그분께 미안하다 전해달라고 했다. 아니라며 저희도 뭔가 잘못했었던 것 같다며 사과한다. 멋쩍게 웃어주고 나왔다. 자동차에 스티커를 바꾸려고 하는데 기존의 스티커가 약간 이상했다. 그 스티커는 예전의 차량번호를 지우고 지금의 차량번호로 고쳐 쓴 흔적이 있었다. 무언가 뒤통수를 땅 치고 가는 느낌이랄까? 그랬었다. 스티커가 아닌 카드로 출입을 통제하던 시스템이어서 관리실에는 새 차를 등록도 하지 않고 기존의 차량번호만 지우고 출입하고 있었다. 그러니 당연히 지금의 내 차는 미등록 차량이 될 수밖에. 그런 것을 까맣게 잊고 왜 내 차가 미등록 차량이냐며 거칠게 몰아붙였으니 이를 어쩌면 좋단 말인가? 조금 전 차량 등록하면서 그만큼이라도 사과했으니 천만다행이긴 하다.

결국엔 이 모두가 내 탓이었다. 내 탓이었던 것을, 그것도 모르고 경찰서에서도, 관리실 직원에게도 야단법석만 떨었던 셈이다. 다시 돌아가 사실대로 얘기하고 사과하기도 그러니 어찌하면 좋단 말인가?

어느 날엔가 하느님 성전에 나아가 기도드리는 날, 나는 다시 '내 탓이요!'라며 크게 가슴을 치리라. 오랫동안 냉담자인 내 기도를 들어 주실지 알 수 없지만.

2017. 3. 24.

참 스승

　입춘(立春), 봄이 세워진다는 뜻을 가진 2016년 봄날이 밝아온다. 동녘 하늘의 짙은 구름 속에 가려진 태양이 삐죽이 얼굴을 내밀기 시작한다. 구름을 뚫고 나온 태양은 눈 부신 햇살을 활짝 펼치며 빛난다. 검은 구름은 어느새 조각조각 흩어져 흔적 없이 사라져 간다.

　'우리 시대의 아름다운 스승'이라 불리며 20여 년의 징역살이에서 걸어 나오신 신영복 교수의 부음을 듣고서야 그분의 이야기가 담긴 몇 권의 책을 샀다. 책을 읽는 동안 내가 어쭙잖게 수필을 쓴다는 것이 붉어지는 얼굴을 감출 수 없는 낯 뜨거움을 느끼게 한다. 그분의 은사였던 한 분은 옥중 서간을 묶어 낸 책의 출판기념회에서 "우리는 뛰어난 경제학자를 잃었지만, 그 대신 길이길이 남을 큰 사상을 얻게 되었다."라고 하였으니 고 신영복 교수께서 쓰신 글이 어떤지는 말하지 않아도 알 만하다.

66년 봄, 서오릉의 소풍 길에서 만난 여섯 명의 아이와 모임인 「청구회의 추억」은 가슴 찡한 감동을 주었다. 내 나이 또래의 그 아이들의 애환과 낭만, 삶의 애잔함이 고스란히 묻어나는 그 글은 그 시대의 아픔도 희망도 대변한다.
　중학교를 간신히 졸업한 후 야간 고등학교에 다니던 나는 주말 저녁 마을의 공회당(지금의 마을회관)에서 동네 아이들에게 주판 놓는 법을 가르쳤다. 그 일은 특별한 사상이나 이념 따위가 필요하지 않다. 그 시절에는 당연히 중고등학교에 진학하지 못한 동네 후배들을 위해 선배들이 해야 할 당연한 의무이다. 설령 중·고등학교에 진학한 아이들이라 할지라도 주판 놓기를 배우는 것은 크고 작은 회사의 사무직 사원으로 일할 수 있는 역량을 쌓는 일이니 단연 인기 강좌이다. 그러나 형편이 넉넉하지 않은 시골의 학생들은 학원에 다닐 형편이 안 되니 동네 형이나 누나들의 선지식을 통해 습득하는 것이 관례이다.
　이광수의 『흙』, 심훈의 『상록수』 등의 계몽 소설과 영화 등을 통해 농촌계몽 운동을 배운 형과 누나들은 당연히 후배들을 위해 자신의 시간과 지식을 제공한다. 낮에는 학교에 가거나 집안일을 도와야 하니 부득이 '야학'이라는 단어의 틀 속에서 이루어질 수밖에 없었던 미래에 대한 아낌없는 투자였다고 감히 말하고 싶다. 우리 시대의 언니나 오빠 특히 대학에 다니는 경우라면 '야학'에 나가 아이들을 가르치는 것은 지식인으로서의 사명이라 여겼으며 그 자긍심 또한 대단하였다. 그러니 고작 고등학생이었던 내가 주판 놓기를 가르칠 수 있었던 것은 큰 행운이고 자랑스러운 일이다. 동네 후배들에게 선생님이란 호칭까지 듣게 되니 왜 아니 그랬겠는가.

공회당은 마을회의 장소로, 동네 아이들과 청소년들의 건전한 체육활동의 장인 탁구장으로 쓰인다. 사라예보의 영웅 이에리사의 승리로 시작된 탁구의 열기는 그즈음 전국의 청소년들에게 광풍을 몰고 온다. 얼마나 인기가 있었으면 그 어려운 시절 마을의 공회당에 야학의 책상보다 우선하여 탁구대가 설치되었겠는가. 그렇게 설치된 탁구대에서 밤이 되면 탁구대가 상할까 씌워진 포대 위에 주판을 놓고 주판 놓기 공부하는 곳이 된다. 그렇게 공부한 아이들은 사무직으로 취직하기도 하고, 검정고시를 통해 상급학교에 진학하기도 한다. 이것이 내가 알고 있는 진정한 의미의 '야학'이다. 그 시대 야학의 학생들에게 이데올로기는 사치가 아니었을까?

신영복 교수가 청구회 아이들을 초등학교를 졸업하고 상급학교에 진학하지 못한 "국민학교 7, 8학년의 학생"이라 답변해 줄 수밖에 없었던 그분의 심경은 어땠을까? 청구회의 실체를 묻는 검사의 질문 의도를 차마 아이들에게 설명할 수조차 없는데 어떻게 이해할 수 있었을까? 하는 안타까움만 남는다. 꼬마들을 집으로 초대하여 따뜻한 밥이라도 함께 하고 싶었던 그분과의 약속을 아이들은 말없이 파기한다. 아이들이 폐가 될 것을 염려한 부모들의 만류 탓이다. 끝내 그 이유를 설명 듣지 못한 아이들과 만남을 사회주의 혁명을 위한 준비란 억지 주장을 받아들여야 했던 날의 먹먹함을 어찌 우리 같은 범인이 이해할 수 있으랴. 공회당에서 야학하던 우리에게도 이런 시련이 왔다면 정말 어이없고 당혹스러웠을 것이란 생각에 소름이 돋는다.

그분의 해외 기행 중 맞이한 스웨덴 기행에서의 일이라 한다. 복지국가 스웨덴을 한 장의 그림으로 만들어야 할 차례에 그분의 고민은 남다른 감회를 느끼게 한다. 스웨덴이 자랑하는 '복지국가 스웨덴'을 그림으로 그리기가 난감하였다고 한다. 가령 아내와의 다툼을 동료에게 이야기를 꺼내면 이야기를 채 잇기도 전에 정중히 거절당한다. 그 문제는 전문 상담인과 상담하라는 권유를 하며 이야기를 잘라버리는 사회에 대한 풍경이 합리적인 해결 방법이긴 하지만 매우 삭막하고 비정한 모습으로 보였기 때문이다. 훌륭한 시설이나 프로그램에 대한 회의를 표현하심은 동양적 사고의 틀 속에 살아온 우리에게 시사하는 바가 자못 크다. 출소하신 후 저서 『강의』를 통해 동양철학의 우수성과 효사상을 강조한 그분의 성정이 잘 드러난 대목이기도 하다.

감옥에서 쓰는 편지조차 형수님께, 또는 계수님께라고 명명할 수밖에 없던 현실의 굴레에서 벗어나 그분의 응축된 삶의 시간을 진솔한 글로 우리에게 보여 주신 것만으로도 그분은 이미 위대한 스승이다. '국민학교 7, 8학년'의 학생들이었던 그 아이들에게 어떤 피해가 갈까 두려워 군법회의의 추상같은 '희극적' 질문을 '엄숙히' 추궁받았다고 하시는 그분의 진실은 40여 년이 지난 지금에야 조금 이해할 것 같다. '서오릉으로 봄철의 외로운 산책을 하고 싶다'라고 하신 그분과 아이들은 다시 만날 수 있었을까? 상당한 궁금증이 일지만 아직은 알 길이 없다.

  전후 우리나라의 막막한 현실을 벗어나고자 했던 '야학'의 국민학교 7, 8학년의 학생들과 선생님들의 사명감과 자긍심이 무참히 짓밟히던 그날, 그분의 가슴속에 불타올랐던 정의와 진실은 어둠에 묻히고 20여 년의 세월을 영어의 몸이 되게 한다. 그러나 그 어두운 터널 속 막막한 현실을 뛰어넘어 아름다운 사상과 철학으로 무장하여 후학들의 '아름다운 스승'이 된다. 이제는 이념과 사상을 넘어선 진정한 바라봄으로 진실에 다가가 봄이 어떨까? 이것만이 지나간 시간 속에서 흑백논리로 재단된 아픔을 걷어낼 기회를 만들 수 있음이 아닐까? 20여 년의 징역살이 동안 끝없는 절망과 고독의 시간은 방대한 독서와 강인한 정신력으로 거듭나 이 시대의 참 스승이 되신 그분의 영전에 정의와 진실을 담은 아름다운 청년들이 희망을 위해 나아갈 수 있는 초석이 되어 줄 것을 다짐함으로 위로해 드리고 싶다.

  2016년 입춘, 검은 구름을 헤치고 당당하고 찬란하게 빛나는 눈부신 햇살이 그분의 정의와 진실을 밝혀줄 것이며, 영원한 참 스승의 모습으로 우리들의 가슴속에 영원히 새겨질 것이라 믿는다.

2016. 2. 4.

스피드(speed)

'빠름 빠름' 언젠가 모 통신사의 광고 카피로 등장했던 단어이다. 우리에게는 영어의 Speed보다 훨씬 더 빠르게 느껴지는 의미의 카피이다. 스피드는 우리나라의 경제 성장 속도와 맞물려 우리나라 기업은 스피드 경영의 화신이 되어 마치 우리의 고유한 이미지처럼 각인되는 것이 아닌가 하는 생각마저 들게 하는 단어가 된 것 같다.

아침 출근길 광속을 능가하는 속도로 오토바이 한 대가 쏜살같이 달리며 광고 명함을 던지는 모습은 마치 영화의 한 장면을 보는 듯 신기하기까지 하다. 쾌속의 바이크 위에서 한 손으로 운전대를 잡고 한 손에 광고 명함을 들고 길가 점포의 문을 향해 정확하게 한 장씩 던져지는 명함은 출입문 손잡이 밑으로 내려앉는다. 출근 시간대이니 아마도 점포 관계자들이 출근하면서 가지고 들어갈 수 있게 하기 위함인 듯하다.

무슨 내용인지 알 수 없지만, 그 명함은 마치 영화의 한 장면처럼 멋진 포물선을 그리며 문 앞으로 사뿐히 떨어진다. 그리할 수 있게 되기까지 수많은 연습이 필요하였겠지만, 획기적인 아이디어와 노력의 결과임이 틀림없다. 아마도 오늘 그 모습을 본 나 아닌 다른 누군가는 또다시 피나는 노력으로 그와 같은 사람이 되어 번져 나갈 것이고, 위험천만한 모습이긴 하지만 엄청난 효율성 탓에 빠르게 번져 나갈 것만 같다. 반면 아주머니, 아저씨, 학생들이 걸어 다니면서 돌리는 명함 알바는 구시대의 유물이 되어버리고 말 것이다. '빠름'에 대한 우리 민족의 DNA가 이런 종류의 속도에까지 뻗어 나갔으니 가히 우리는 속도전의 강자인 것만은 분명한 것 같다. 그 모습을 보는 나조차도 그 위험천만한 모습이 멋있게 보였으니 어찌 생각하면 내가 이 나이에도 어이없는 사고의 틀을 가진 게 아닌가 하고 은근히 걱정되기도 한다.

아마도 우리 아이가 중학교 3학년 때인 것 같다. 벌써 15년 전의 일이다. 시험이 끝났다기에 머리를 좀 식혀 줄 요량으로 영화나 보러 가자며 나섰던 길이다. 영화 「아이 엠 샘」을 보기로 했다. 7살 지능을 가진 지적장애자 아버지와 딸이 살아가는 이야기로 교육적 가치도 높고, 여러 가지로 아이와 함께 보기에 정말 좋은 영화란 생각으로 고른 영화이다. 그런데 극장 앞에서 아들은 태도를 바꾼다. 중3밖에 안 된 녀석이 영화 내용을 대충 설명하자 여자 친구랑 봐야겠다며 다른 영화를 보자는 것이다. 또 멋진 엄마인 척은 해야겠기에 내심 속으로는 '괘씸한 녀석' 했지만,

아닌 척하고 그러자고 하고 말았다.

　주말에 도심에서 갑자기 영화를 고르려니 마땅한 영화가 눈에 띄지 않았다. 애써 고른 영화가 제목이 정확히 기억나진 않지만, 스트리트인지 뭐 그런 종류의 은행 강도를 다룬 영화다. 스피디한 것을 좋아하는 나도, 그리고 애가 사내아이이기도 하니 좀 남성적인 영화를 봐야 한다고 생각하여 고른 영화였다. 마음에 딱 들었다. 오토바이와 차량 등을 이용하여 은행 금고가 있는 건물의 벽을 대형 코어드릴로 뚫어 순식간에 금고를 털어버리는 영화였다. 범죄 하는 장면을 보면서 은행털이범의 스피디함이 마치 영웅처럼 보이게 하는 장면을 연출한다. 지금 생각해 보면 중3인 아들에게 그런 영화를 보여주면서 가슴 졸이는 쾌감을 느끼던 한심한 엄마였음이 부끄러워진다.

　그뿐이 아니다. 예상치 못한 장면은 더욱 나를 난감하게 만든다. 범인과 애인의 적나라한 애정행각을 아들과 함께 낱낱이 보고 말았으니, 극장을 나오는 내 눈이 아들을 쳐다볼 수가 없었다. 그런 나를 향한 아들의 일갈이다. "엄마 걱정하지 마, 우리도 다 알아, 우리도 학교에서 성교육 시간에 다 배워." 아무 대답도 하지 않았다. 맛있는 거 먹으러 가자며 얼른 말을 바꾸어 버렸다. 영화건, 책이건, 삶이건, 스피디함을 좋아하는 나에게 주어졌던 부끄럽고 뼈아픈 교훈을 준 순간이었지만, 사실 그때뿐 아직도 난 여전히 스피디함이 좋다. 그러니 아직도 다리가 짧아서 타지도 못하는 할리데이비슨이나 꿈꾸는 철없는 아줌마로 남아 있다.

우리나라의 경제 성장 속도가 그 '빠름' 스피디함의 영향으로 광속의 발전을 이룬 것이 사실이다. 언젠가 갔던 그리스에서의 일이다. 그 나라 사람들이 파르테논 신전을 보수하는 데 6년이 걸렸는데 아직도 저 모양이라며 우리나라 H 건설이 했으면 아마 6개월이면 끝내 버렸을 것이라던 가이드의 설명 또한 그와 같은 맥락의 생각을 가진 우리들의 자화상이다.

그러나 아무리 빠르고 스피디함이 좋다 한들 오늘 아침의 그 위험천만한 바이크의 모습이 멋있어 보였으니 내 사고 또한 위험천만하지 않은가? 지금쯤은 느림의 미학 속으로 가봐야 할 것 같다. 제주 올레에서 시작된 걷기 열풍은 전국에 둘레길 열풍을 몰고 왔다. 이러한 열풍은 아마도 정신없이 달려온 지난날에서 벗어나고 싶은 간절한 열망이 산물이 아닌가 싶다. 천천히 걸으면서 만 느낄 수 있는 이마를 간질이는 산뜻한 바람, 그 바람을 느끼며 걷는 동안의 명상과 상념들, 길가의 이름 모를 꽃들의 속삭임, 이런 것들은 스피디함에서는 얻을 수 없는 것들이다. 정신없이 질주해 온 시간에서 벗어나 이제는 천천히 자신을 뒤돌아 보며 가 보는 시간이 필요한 때이다. 느리게, 천천히 가는 동안 새롭게 만나는 모든 걸 향유 하는 넉넉함을 즐겨 보는 거다. 그곳에는 스피디함이 줄 수 없는 느슨한 여유가 기다리고 있을 터이니, 편안하고 안락한 시간으로 들어가 느긋하게, 안전하게 나아가 봄이 어떨까?

위험천만한 '스피디함'이나 '빠름'은 영화나 광고 속 카피에서

나 만나보자. 우리에게 주어진 현실에서는 이제 조금 느슨하게, 정직하게 나아가는 자세를 배워 보아야 하지 않을까 싶다.

우리의 DNA에는 빠름만 있는 것이 아니다. 우리 민족의 대표 음료인 식혜와 수정과, 그리고 김치는 그 숙성 과정을 통해서만 진정한 맛을 낸다. 우리의 깊숙한 곳에 숨겨진 느린 감성을 깨워 다시 시작해 보자. 또다시 새로운 것들이 생성되어 나도, 우리의 미래도 느긋함이 주는 풍요한 유산을 줄지 모르니까.

2016. 3. 8.

별 헤는 밤
- 영화 「동주」를 보고

별 하나에 추억과 별 하나에 사랑과 별 하나에 쓸쓸함과 별 하나에 동경과 별 하나에 시와 별 하나에 어머니, 어머니….

시인 윤동주 님의 별 헤는 밤이란 시구 중 일부이다. 일제 강점기 시대적 아픔을 겪을 수밖에 없었던 청년 윤동주 님의 마음과 심경을 고스란히 담았다는 평이다.

영화 동주는 '하늘을 우러러 한 점 부끄럼 없기를'이란 시어와 함께 흑백의 영상으로 다가와 그 적막함과 쓸쓸함을 극에 달하게 한다. 결코, 우리와 같을 수 없었던 시대적 아픔을 가진 청년 윤동주와 송몽규를 등장시키며 일제 강점기 청년들의 열정과 아픔을 표현한다. 같은 시대 같은 상황 속에서도 서로 다른 생각과 행동, 서로 다른 선택을 해야만 했던 뼈아픈 아픔들을 두 청년의 삶을 통해 진솔하게 엮어 나간다.

영화는 조국의 언어도, 이름도 버려야 했던 두 젊은이의 삶을 서로 대비되는 모습으로 그린다. 일본으로의 유학조차 독립운동을 위해 선택한 송몽규와 같이 유학길에 오른 윤동주는 사촌 송몽규의 삶을 지켜보는 모습으로 그린다. 도쿄에서의 유학 생활 동안에도 시를 쓰는 윤동주는 모국어를 쓸 수 없는 한계에 절망한다. 그러나 일본 형사는 윤동주를 송몽규와 연결해 독립운동을 위해 시를 이용한다는 억지 주장으로 윽박지른다. 윤동주와 송몽규는 체포되고 급기야 감옥에 갇혀 실험용 인간으로 전락해 버리는 수모를 겪게 된다.

시인은 차라리 송몽규처럼 적극적으로 독립운동을 하지 못했음을 후회하고 절규한다. 그 시대에 한가하게 시나 쓰는 것이 아니었다고 말하며 죽어간 시인은 오늘도 여전히 우리에게 그 시대의 아픔을 되새기며 그 아픔이 아직도 청산되지 않았음이 부끄럽게 한다.

초등학교 때의 일이다. 우리는 한여름 밤이면 별빛이 무수히 쏟아져 내리는 마당의 평상 위에 누워 별을 센다. 초등학생인 소년과 소녀는 그날도 평상 위에서 무수히 많은 별을 헤아린다. 수만 수천의 많은 별은 헤아려도, 헤아려도 끝이 없고 급기야 그 헤아림이 은하수에 이르면 더 헤아릴 수 없는 상태가 되고 만다. 여름밤의 풀벌레 소리도 잦아들고 별 헤는 것도 지루해지면 무언가 새로운 놀이가 필요하게 된다.

그날 낮에 숨바꼭질하면서 보아 두었던 옆집 아저씨네 대추나무가 문득 떠오른다. 대추가 아주 실하게 달린 것이 아직 익지는 않았지만, 그 달곰한 맛이 막 시작되려는 시기였다. 소년이 소녀의 옆구리를 쿡쿡 찌르며 귀엣말을 건넨다. 옆에서 잠들어 버린 엄마가 들을까 염려되어서이다. "우리 대추 서리하러 갈래?" "그럴까." 어디라고 말하지 않아도 금방 알아차린다. 낮에 보면서 주고받았던 눈길 탓이다. 살그머니 신발을 신고 줄행랑을 놓는다. 붙잡히면 집에 가서 자라고 할 것이 뻔한 시간이기 때문이다. 백 미터도 안 된 거리에 있는 옆집 아저씨네 밭 대추나무는 별빛과 달빛을 받아 고고한 자태로 서 있다. 우선 손이 닿는 곳부터 더듬는다.

그런데 어찌 된 일인지 우리의 조그만 키가 닿는 곳에는 한 알의 대추도 안 잡힌다. 어쩔 수 없이 소녀가 용기를 낸다. 눈이 큰 소년은 겁이 많아서 대추나무에 올라가는 걸 싫어하기 때문이다. 달빛이 비치는 대추나무의 큰 가지를 찾아 발을 디디고 올라가 손에 잡힌 대추는 알이 실하다. 한 알을 따서 입에 넣는다. 아직은 설익은 대추이지만 그 맛은 제법 달달 해져 가고 있었다. 소녀가 말한다. "야! 진짜 맛있어!" "어 그래?" "망 잘 봐, 아저씨한테 걸리면 혼나." "알았어, 걱정하지 마!" 소녀는 주섬주섬 딴 대추 알을 주머니에 쑤셔 넣는다.

"거기서 뭐 하나?" 옆집 아저씨다. 갑자기 가슴이 얼어붙는다. 소녀는 숨을 죽이고 나무에 매달려 있다. 갑작스러운 아저씨의 출현에 소년은 겁에 질려 얼어붙어 있다. "이놈들 대추 따 먹는

구나!" 소년이 갑자기 울음을 터트린다. "누구야? 너 혼자야?" "아뇨, 저기" 소년이 소녀를 가리키며 공범이 있음을 자수하고 만다. "내려와! 이것들이, 따라와." 소년과 소녀는 초주검이 되어 아저씨 뒤를 따른다. 그 발걸음이 마치 도살장 끌려가는 소와 같다 해도 과언이 아니다. 소녀는 뒤를 따르며 소년이 정강이를 툭 친다. "죽을 줄 알아." 아저씨 댁으로 잡혀간 소년과 소녀는 그 집 난간에 무릎 꿇고 두 손을 드는 벌을 받았다. 벌서는 동안 소년의 눈에서는 닭똥 같은 눈물이 뚝뚝 떨어졌다. 30여 분 지나자, 아저씨는 다시는 그러지 말라며 일어서라 하신다. 밤이 늦었으니 어서 가서 자라며, 바구니에서 대추 한 움큼씩 쥐여 주신다. 감사하다며 냉큼 받아 든 소녀는 금세 얼굴이 환해졌다.

시무룩한 표정으로 따라나선 소년을 향해 소녀가 말한다. "오늘 네가 고자질한 거 봐 줄게, 아저씨가 대추 줬으니까" 소년의 얼굴에 겸연쩍은 미소가 번진다. "알았어, 고마워. 다음부터는 절대로 고자질 안 할게" 아마도 아까 벌을 서면서 흘린 소년의 눈물은 소녀의 후환이 두려워서였을 것이다. 그렇게 한여름 밤의 대추나무 서리는 끝이 났다. 소년과 소녀는 아저씨께 받은 대추를 한 알 한 알, 마치 별을 헤아리듯 곱씹으며 천천히 먹었다.

영화는 쓸쓸하고 고독한 하숙방, 조그만 창문 너머로 쏟아져 들어오는 별을 보며 별 하나에 추억과 사랑, 쓸쓸함과 동경 그리고 북간도에 계신 어머니를 그린다. 조선어로 시를 발표할 수도, 쓸 수도 없던 암울한 시대에 태어나 그 애잔한 마음을 시에 담는다. 한 움큼의 대추를 쥐어 주던 옆집 아저씨의 훈훈함처럼 양심 있는 일본인 스승의 도움으로 영어 번역 시집을 출간하려다 실패한 청년 시인 윤동주는 일본의 싸늘하고 쓸쓸한 감옥에서 열혈 청년 송몽규와 함께 시대의 아픔을 끌어안은 채 쓸쓸히 죽어간다.

오늘 영화는 우리에게 그 시대의 아픔을 공감하고 회한하게 한다. 영원한 청년 서정시인, 맑고 강한 그리고 청아한 정신의 소유자였던 그분들께서 육필로 쓴 시가 영화가 되어, 별빛이 무수히 쏟아지던 날 밤 옆집 아저씨에게 받은 한 움큼의 대추처럼 따뜻한 선물이 된다. 영화와 함께 우리의 마음도 미래도, 그 시대의 아픔도, 이 시대의 아픔도 함께 치유할 수 있었으면 하는 바람이다.

2016. 3. 26.

삘기 꽃이 필 때면

오월의 우음도는 온 천지가 삘기 꽃 세상이다. 우음도에 삘기가 하얗게 피어나면 카메라를 맨 이들이 이곳저곳에서 몰려든다. 그 너른 벌판에 하얗게 피어난 삘기의 다양한 풍경을 카메라에 담기 위해서이다. 오월 말이나 되어야 볼 수 있을 줄 알았던 우음도의 삘기는 더위가 일찍 찾아온 탓인지 오월 중순에 만개했다는 소식이 전해 왔다.

이럴 때 필요한 건 무엇? 바로 번개 출사다. 화요일 출사를 앞당기자는 번개 모의가 카톡을 때린다. 주저 없이 일 처리를 끝내고 월요일 오후 우음도로 출발을 감행한 우리 앞에 펼쳐진 광활한 삘기 평야, 와우! 장관이다.

카메라에 렌즈를 장착, 삘기 평원 한가운데 우뚝 선 왕따 나무 몇 그루, 희미하게 보이는 야트막한 산 능선을 아우른 모습을 담는다. 늦은 오후 해넘이를 시작하자 불그스레한 햇살이 투영되어 하얀 삘기에 정열과 낭만을 입힌다. 그 멋진 모습을 담기 위한 셔터 소리와 살랑대는 바람 소리만이 드넓은 평야에 마치 교향곡처럼 울려 퍼진다.

오후 출사를 마친 일행은 남녀 각 2명씩, 다음 날 새벽 출사를 위해 근처의 여관에 방을 잡는다. 두 명의 여자와 두 명의 남자가 여관에 들러 키를 받고 방으로 들어가려는데 왠지 뒤통수가 따갑다. 뒤돌아본 풍경은 더 가관이다. 의아한 눈빛? 아마도 우리를 커밍아웃(동성애자) 커플쯤으로 오해하였는지도 모른다. 그러거나 말거나 방으로 들어간 우리는 다음 날을 위해 조기 취침에 전투적으로 돌입했다.

다음 날 새벽 4시 깜깜한 어둠을 뚫고 들어간 우음도의 삘기 평원, 동녘이 밝아오기 시작하면서 장관을 연출한다. 자욱한 안개 속에 어슴푸레하게 가려진 왕따 나무와 삘기, 이슬을 잔뜩 머금고 무성하게 드러누운 삘기는 동녘에서 안개를 뚫고 솟아오른 태양 빛을 받아 황금처럼 빛난다. 그 모습은 마치 동물의 왕국이란 다큐에 나오는 새랭게티 부럽지 않다. 숨을 쉴 틈조차 없이 변해가는 자연과 그 빛이 어우러짐을 카메라에 담는 동안 우리는 무아의 경지 그곳에 있었을 것이다. 이런 맛에 사진을 찍는 것이다. 결과물이야 어찌 됐건 그건 그 순간 따질 겨를이 없다. 그저 자신의 감성과 가슴이 움직이는 대로 셔터를 누를 뿐.

대한민국의 시골에서 자란 사람이라면 누구나 삘기에 대한 추억 하나쯤 갖고 있을 것이다. 춘궁기의 오월, 들판에 지천으로 피어오르기 시작한 삘기를 뽑아 입에 넣으면 그 달콤한 맛이 어린 우리에게 최상의 간식이 되었다. 특히 내가 자란 제주에서는 더욱 특별했다. 삘기를 피우는 띠는 제주 특유의 초가지붕을 이는 재료로 쓰인다. 아마도 벼가 없는 제주의 특성상 볏짚을 대신했을 것이다. 가을이 되면 누렇게 된 띠를 길게 잘라 새끼를 꼬고 새끼를 다시 두 겹, 세 겹 꼬면 굵고 튼튼한 밧줄이 된다. 초가지붕에 띠를 두껍게 깔고 실하게 꼬인 밧줄로 묶어주면 여름마다 어김없이 제주를 뒤흔들어 놓는 초특급 태풍에도 끄떡없는 실한 초가지붕이 된다.

띠를 말끔히 잘라낸 가을 띠밭은 동네 조무래기들의 놀이터로 변신한다. 드넓은 띠밭(우리 동네에는 일명 사장 밭이라 부르는 넓은 밭이 있었다.)에 호미로 가로세로 골을 깊게 그어 넣고, 초등학생부터 중학생 오빠들이 가세한 다리 건너기 놀이(제주의 사투리로는 하시다리)가 시작된다. 대부분은 남녀가 따로 하는 놀이이지만 빽 좋은 오빠 덕에 나는 남자아이들과 함께 놀이에 끼는 영광을 누린다. 남자들의 놀이가 훨씬 박진감 있고 재미있는 건 당연한 일이다. 놀이가 시작되면 초등학생 조무래기들은 오빠들께는 관심 밖이다. 각 다리에 서 있는 힘센 오빠들의 발에 차일까 무서운 꼬마들은 우르르 몰려다니다가 한꺼번에 몰살해 버리기 때문이다. 상대편의 덩치 큰 오빠들을 잡기 위한 고군분투가 이어지고 그중 누군가가 한 사람만이라도 그 많은 다리를 건너갔다 돌아오면 그편은 일거에 모두 되살아나 승자가 되는 것이다.

그러지 못하면 다시 술래는 바뀌어 다리 지킴이가 되어야 한다. 그러나 가끔은 이변이 일어나기도 한다. 그중 머리 좋은 꼬마 한 명이 오빠들의 눈을 피해 살금살금 건너갔다가 돌아와 만세를 부르는 날도 있다. 그렇게 자기 팀을 구한 그 조무래기는 다음부터 오빠들의 구애를 받아 서로 데려가려 하기도 한다. 늦가을 밤 휘영청 밝은 달빛 아래 펼쳐졌던 그 놀이는 새마을 운동이 시작되면서 지붕은 슬레이트로 바뀌고, 띠밭은 과수원이 되면서 사라져 버렸다. 방과 후 시간을 학원에, TV에, 스마트 폰에 빼앗겨 버린 요즘 아이들은 이 놀이를 이해할 수 있을까?

'새벽 와 닿으면 스러지는 이슬 더불어…' 천상병 시인의 시구가 불현듯 생각남은 이 아침, 이슬을 잔뜩 머금은 삘기 평원에 홀로선 나무가 외로워 보여서인지 모르겠다. 아니면 스러지는 이슬을 조금이라도 더 붙잡고 싶은 간절함 때문일 거다.

삘기가 피면 생각나는 그 시절, 아득한 그날로 돌아가 하얗게 피어오르는 삘기를 따던 그 모습이 새삼 그립다. 오늘 하얗게 피어난 삘기를 카메라를 담으며 생각한다. 또 다른 오월에 나는 다시 이곳을 찾아 삘기를 만나게 되겠지. 오늘의 삘기가 그 옛날 어린 시절의 삘기가 될 수 없듯이 내년 오월 삘기가 필 때면, 또 다른 나의 감성이 그곳에 있을 것이기에.

아마도 나는 무작정 카메라를 들고 다시 나서게 될 것이다.

2016. 5. 22.

기다려 볼 테다

　필재가 있는 사람의 글씨는 대체로 그 재능에 의존하기 때문에 일견 빼어나긴 하되 재능이 도리어 함정이 되어 손끝의 교(巧)를 벗어나기 어려운 데 비하여 필재가 없는 사람의 글씨는 손끝으로 쓰는 것이 아니라, 온몸으로 쓰기 때문에 그 속에 혼신의 힘과 정성이 배어 있어서 단련의 미가 쟁쟁히 빛나게 됩니다.

　신영복 교수의 서도와 필재에 대한 말씀이다.
　그분의 뜻을 한마디로 요약하긴 조심스럽지만, 마음을 다하여 온 몸으로 써야 함을 표현한 말씀인 것 같다. 요즘 나의 글쓰기가 글도 안 되고 사진도 안 된다는 생각에 딜레마를 겪더니, 이제는 아예 깊은 수렁 속으로 빠지는 느낌이다. 그것이 건강상의 이유인지, 필력의 한계인지 알 수 없다. 막상 글을 쓰려고 책상에 앉으면 글제가 모두 사라져 버린다. 교통사고 후유증이 오래 지속되다 보니 나도 모르는 사이에 정신적 스트레스를 겪고 있긴 하지만, 그것만으로 나를 설명하기엔 부족한 듯하다. 어쩌면 그동안 글공부가 게으른 탓으로 지나간 추억이나 주워 담던 글쓰기의 소재가 모두 동이나 버려서인지도 모른다.

신영복 교수의 일갈처럼 글쓰기에 특별히 타고난 재능이 있는 것도 아닌데 어설프게 시작한 글쓰기가 온몸을 다하는 정성이 배어 있지 못하니 그만 그 한계에 부딪혀 녹다운되어 버린 것이 아닌가 싶다. 아니면 나도 여느 작가들처럼, 아직은 작가도 아닌 자가 작가 연하고 슬럼프를 겪고 있는 것인가? 실소할 일이긴 하지만 지금의 나를 설명하기가 참 난감하다. 몇 번이고 글쓰기를 시작하다 접기를 반복하며 나를 위로하는 방법으로 '안 될 때는 쓰지 말자'라며 일어서길 반복한다. 그 기간이 점점 길어지고 있다는 생각이 나를 초조하게 한다. 가만히 하늘을 응시하다가 문득 떠오른 내용을 글로 쓰면 그날의 상큼함은 세상을 다 얻은 듯 여겨지며 설레던 날들이 그립다.

글공부를 시작한 지가 얼마 되지도 않았지만 처음 시작할 때의 그 마음은 아직도 여전한데 어느새 내 필력의 한계를 드러내고 있음은 아닌지 조그만 절망감이 일기 시작한다. 이럴 때 할 수 있는 일이 무얼까? 그 방편으로 책 읽기를 선택하긴 했지만, 마음이 여간 불편한 게 아니다.

아침부터 읽기 시작한 신영복 교수의 『감옥으로부터의 사색』은 1969년부터 1986년까지 20여 년 동안의 옥중 서간을 담은 책이다. 통일혁명당 사건으로 투옥되어 무기징역을 선고받고 특사 되기까지 기약 없는 옥중 삶을 고스란히 담았다. 20대의 청년이었던 그분의 사상이 '징역살이'를 통해 변해가는 과정을 고스란히 보여준다. 30대가 되고 40대가 되어 옥중에서 겪는 생활과 방대한 독서는 그분을 '이 시대의 아름다운 스승'으로 거듭나게 한다. 이런 것이 독서의 힘 아닌가 하는 생각을 하게 했다. 오늘 시작한 이 독서의 시작이 그분만큼 나를 키워주진 못하겠지만, 오늘의 내 슬럼프를 극복해 줄 것이라 기대해 본다. 나의 글쓰기 시작이 옥중의 지인에게 보낸 편지에서부터 시작되었으니, 공교롭게도 옥중의 서간을 담은 이 책이 나를 일으켜 세울지 모를 일이지 않은가?

오늘의 이 조그만 슬럼프 때문에 절망하지는 말자. 처음부터 내가 글쓰기에 특별한 재주가 있었던 것도 아닌데, 시간이 지나고 글공부가 조금 더 무르익어 정성으로 정진하여 온 힘과 정성을 다하면 그분의 말씀처럼 혼이 담긴 글을 쓸 수 있지 않을까 하고 기대해 본다. 아직은 어린 내 글이 자라는 모습도 내 글공부의 일환일 터이니 기다려 보는 수밖에. 그래 기다려 볼 테다.

FM 라디오에서 흘러나오는 감미로운 음악이 리듬을 타며 책장을 넘기는 소리에도 리듬을 싣는다. 서걱거리며 책장 넘어가는 소리가 경쾌하다.

2016. 2. 9.

양호인의 **수필세계**

삶의 현장에서 인생의 속 깊은 정을 진솔하게 그린 수필

오경자
(국제PEN한국본부 부이사장, 문학평론가)

  수필을 미래의 문학이라고들 한다. 왜 그럴까? 모든 것이 속도전이 되어버린 미래를 생각하며, 우선 짧은 길이의 수필이 미래의 총아일 것이라고 생각한 데서 비롯된 일이 아닐는지 짐작해 본다. 비단 필자만이 아닐 것이다. 길게 써야 좋다, 짧게 써야 좋다 하는 길이 자체를 두고 하는 단답식 말 놀음으로는 이 문제의 해답을 얻기가 어렵다.
  어떻게 작가의 생각을 독자에게 잘 전달할 것인가가 우리 작가들의 초미의 관심사이다. 짧은 길이의 글에서 자신의 생각을 가감 없이 독자에게 전달함과 동시에 그를 설득시킬 수 있다면 그 글은 성공이다. 이것이 주제이며 바로 그 주제를 잘 살려낼 수 있도록 내용을 배치하는 구성이 무엇보다도 중요한 사항이라 할 수 있다. 그러려면 효율적으로 내용을 배분하고 어디에서 어떤 말을 할 것인가를 잘 조절해야 한다.

양호인은 그 부분에 탁월한 솜씨를 지닌 수필가 중 한 사람이라 할 수 있다. 그는 첫 수필집 『나 할리 타는 여자야』에서 이미 범상찮은 책 제목에서 독자의 관심을 강하게 끌어내고, 흡인력 있게 마지막 장을 덮을 때까지 긴장감 있게 끌고 가는 솜씨를 내보였다. 이어서 아프리카 등 오지 탐험의 현장을 감칠맛 나게 엮어 『그들의 상그릴라로』로 사진작가인 수필가 양호인을 깊이 각인시키는 데 성공했다. 이유는 간단하다. 독자를 아프리카 현지로 안내하는가 하면, 정감 있는 관조로 그들의 애환에 함께 웃고, 함께 우는 독특한 필치로 독자를 매료시켰다.

이어서 아주 깊이 있는 성찰의 『나를 보는 나』라는 수필집을 세 번째로 들고 나왔다. 자신의 실수와 실패에 대한 솔직한 표현과 깊은 성찰은 독자를 숙연하게 하면서 깊은 울림을 주는 수필집이었다. 사진작가로서 사라져가는 것들의 보존이라는 사진의 속성을 버려둘 수 없는 양호인은 용도 폐기된 간이역들의 역사적 기록을 수필로 남기기 위해 전국의 구석구석으로 차를 몰아가며 렌즈를 들이댄다. 그 기록을 정감 있는 한 권으로 엮은 것이 『풍경 담은 간이역』이다.

이번 다섯 번째로 독자의 서재를 찾아갈 『열정 한 시간』은 '수필은 이런 것이다'라고 보여줄 또 한 권의 역작이 될 것이다. 양호인의 수필은 수필의 본령이라 할 수 있는 자신의 체험을 주 글감으로 하고 있다. 자신의 주변을 스치고 지나가는 모든 일이 그의 작품의 주인공들이다. 병고면 병고, 기쁨이면 기쁨, 성취면 성취, 실패면 실패 무엇이든지 그의 그물망에 걸리면 주옥같은 한 편의 수필로 재탄생되는 행운을 얻는다. 그뿐이 아니다. 자연 경관과 계절, 비나, 눈이나, 구름이나, 하늘이나, 바다들이 모두 그의 붓끝에서 너울너울 기쁘게 춤춘다.

그는 제주 태생이고 거기서 자랐다. 지금도 그의 마음은 제주에 가 있고 자주 들러서 과장하면 서울 반 제주 반씩 사는 것 같기도 할 정도이다. 제주의 아름다운 풍광과 독특한 문화 풍속들이 모두 다 그의 주제를 담아내는 훌륭한 그릇이 되어 준다. 매년 찾아오는 계절의 변화에도 주제가 깊이 실리고 삶을 투영하는 격조 있는 관조가 일품이다.

그의 글에서 성찰을 빼면 허전할 정도로 솔직하고 자신의 실수담을 거의 주 글감으로 할 정도로 겸손한 작가이기도 하다. 그래서 그의 수필이 아취가 있다. 수선스럽지 않게 자신의 실수를 인정하고 그 속에서 참삶의 진수를 건져 올린다. 그의 수필 근저에는 모든 일에 대한 감사와 순응이 짙게 깔려 있다.

> 집을 나올 때 가졌던 답답함도, 사진 찍을 욕심에 불타오르던 열정도 서서히 조금씩 조금씩 내려놓을 수 있었음에 감사함을 느낀다.
> 이 열정이 코로나 귀신도 잡아갈 능력이 있다면 얼마나 좋을까?
> 「열정 한 시간」 중에서

바닷물의 들고 남을 찍기 위해 기다리는 긴 시간과 찍어야 하는 상황을 놓치지 않고 찍는 그 열정을 담담하게 표현하고 있는 대목이다.

> 깜짝 놀랐다. 정말 깜짝 놀랐다. 그곳에 있는 사람들은 그의 가지를 다듬는 것이 아니라 이제 막 그의 굵은 몸통에 날카로운 기계톱을 들이대고 있었다. (중략)
> 전화를 끊고 다시 창가로 갔다. 그는 흔적도 없이 사라져 버렸다. 휑한 모습이 하늘만 속절없이 넓어졌다. 하늘엔 오늘따라 유독 황사가 더 뿌옇다. (중략)
> 그가 이제 나이가 들었다고 한들, 그가 거기에 있었어도 누군가에게 아직은 피해를 주고 있지도 않잖은가? 대로변의 가로수처럼 사람들의 가게를 막아 생계를 위협하는 것도 아니고 길 한가운데에서 차량 통행을 방해하는 것도 아닌데 무엇 때문에? 왜? 잘려 나갔을까?
> 「그가 보고 싶다」 중에서

나무 한 그루를 의인화해서 쓴 사회의식이 강한 글이다. 자연 사랑과 인정을 잘 조화시킨 글이다.

> '바로 이 맛이야!'라는 말은 이럴 때 쓰는 거다. 대한민국 김치냉장고 성능 만만세다.
> 그렇게 우리집 김치 구하기 프로젝트는 성공적으로 완수되었다.
> 괜스레 어머니 손맛이 변한 게 아닌가 생각한 게 죄스럽기만 하다.
> 「김치 구하기 프로젝트」 중에서

양어머니가 담아준 김장김치가 자신이 받아온 것은 영 맛이 없는데 어머니 집에 가면 아주 맛이 있으니 혹시 다르게 담아주

었나 의심을 한다. 그러다가 냉장고 설명서를 잘 읽어보고 그 지 시대로 설정했더니 똑같이 맛있는 김치가 되었다. 이 과정을 가감 없이 쓰고 자신의 의심이 얼마나 못 된 죄인지 절감하며 회개하고 감사드린다. 깊은 성찰과 솔직한 고백이 수필의 백미를 잘 살린 작품이다. 작가의 고운 심성과 맑은 영혼을 만날 수 있어 독자의 가슴이 따뜻해지는 순간이다.

  양호인의 수필 세계를 아주 짧게 소개했다. 제주의 풍광을 주된 글감으로 하면서도 그 안에 삶의 진수를 녹여 넣은 수작들이 독자의 마음을 흔들어 주는 경험을 하게 될 것이다. 삶의 현장에서 참된 인생의 맛을 가감 없이 전하는 격조 있는 양호인의 수필집 열정 한 시간의 일독을 권하는 바이다.

국제PEN한국본부
창립70주년기념 산문선집 19

열정 한 시간

발행일   2024년 10월 30일

지은이   양호인

발행인   강병욱
발행처   도서출판 교음사

03147 서울 종로구 삼일대로 457 수운회관 1308호
Tel (02) 737-7081, 739-7879(Fax)
e-mail : gyoeum@daum.net
등록 / 제2007-000052호.

* 잘못된 책은 바꿔 드립니다. 값 15,000원
ISBN 978-89-7814-998-3 03810

- 이 책 내용의 전부 또는 일부를 재사용하려면 저작권자와 교음사의 동의를 받아야 합니다.
  지은이와의 협의 하에 인지는 생략합니다.